给学生
真正需要的
教育

中国青年报冰点周刊
教育特稿精选①

中国青年报冰点周刊　主编

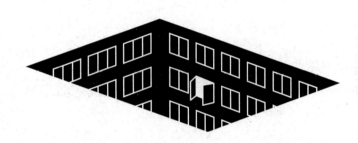

中国人民大学出版社
·北京·

图书在版编目（CIP）数据

给学生真正需要的教育：中国青年报冰点周刊教育特稿精选①／中国青年报冰点周刊主编. —北京：中国人民大学出版社，2017.5

ISBN 978 - 7 - 300 - 24093 - 0

Ⅰ.①给⋯ Ⅱ.①中⋯ Ⅲ.①教育—文集 Ⅳ.①G4-53

中国版本图书馆 CIP 数据核字（2017）第 022541 号

给学生真正需要的教育：中国青年报冰点周刊教育特稿精选①
中国青年报冰点周刊 主编
Gei Xuesheng Zhenzheng Xuyao de Jiaoyu:Zhongguo Qingnian Bao Bingdian Zhoukan Jiaoyu Tegao Jingxuan ①

出版发行	中国人民大学出版社
社　　址	北京中关村大街 31 号　　　　邮政编码　100080
电　　话	010 - 62511242（总编室）　　010 - 62511770（质管部）
	010 - 82501766（邮购部）　　010 - 62514148（门市部）
	010 - 62515195（发行公司）　010 - 62515275（盗版举报）
网　　址	http://www.crup.com.cn
经　　销	新华书店
印　　刷	北京东君印刷有限公司
规　　格	168 mm × 239 mm　16 开本　　版　次　2017 年 5 月第 1 版
印　　张	13.5　插页1　　　　　　　　印　次　2019 年 12 月第 3 次印刷
字　　数	200 000　　　　　　　　　　定　价　39.80 元

目
CONTENTS

录

给学生真正需要的教育:
中国青年报冰点周刊教育特稿精选①
Gei Xuesheng Zhenzheng Xuyao de Jiaoyu

序 言

教育怎样，我们的时代就怎样

《中国青年报·冰点周刊》的编辑部不大，却藏着些许雄心。为此，我们追着时代奔跑，下农田，上庙堂，寻他山之石，听一家之言……我们始终在努力为这个时代画像。

快速变幻是这个时代的特质，样态各异甚至相互矛盾的时代画像将我们包裹，让我们无从分辨，但我们始终相信，我们生活在其中的这个时代底色究竟如何，存在一个明确且坚定的答案。因为，任何时代都是由一些可以被称为"基石"的东西构建而成的。

这样的"基石"，就散落在时代的各个角落。当我们来到学校和家庭之时，这些"基石"以各种"课"的形式呈现在我们面前。

很幸运，在江苏省扬州中学，我们找到了一堂历史课。王雄老师喜欢带领学生追问"什么是历史"，拒绝让学生背诵现成答案，注重培养学生的质疑精神和公民素质。在广东省的深圳中学，我们找到了一堂语文课。马小平老师发觉许多年轻人"有技术却没良知"，于是在病榻上开发了自己的人文素养课程，他很少讲教材，却把梁漱溟、哈维尔、王小波带进课堂。

在清华大学，法官何帆将"另一种知识"带进法学课堂，他抛开纯理论的知识讲授，讲现实中的司法状况，培养学生理解复杂社会的能力；在北京大学，郑也夫教授领着学生发现中国教育的种种怪现象，培养学生调查分析、独立思考的能力；在香港中文大学，陶国璋教授在"死亡与不朽"的课上，带学生去解剖室参观，邀请不同背景的人讲述各自视角下的死亡，让学生找到自我价值。

我们甚至回溯民国，在西南联大、春晖中学、耀华中学等过去的学校里"游走"，寻找曾经熠熠生辉的课堂，感受那个年代先生们的风范。

我们的视野进一步开阔，在千千万万的家庭里，还发现了数不清的"课"："童话大王"郑渊洁因找不到理想中的学校，而选择在家给儿子开"课"，那里没有分数，没有文凭，束缚被减到最少；上海作家叶开用文学名著为女儿堆出了"语文课"，那里没有说教，没有死记硬背，不保守、不无聊；还有优秀留学生的妈妈刘曼辉开设的家长"课堂"，那里没有"虎妈"，也没有"羊爸"，却有通往教育的第三条道路。

…………

我们从粗糙的沙砾中，小心地捡拾这些珍珠并一一收藏，不是出于集邮式的癖好，而是希冀从这些"课堂"的碎片中，拼凑出一个关于中国教育的故事，甚至关于这个时代的故事。

在如今的中国教育故事中，我们总能看到，本应承担独立教育功能的中小学被笼罩在大学的阴影下，本应发挥巨大作用的家庭教育，在学校教育和应试教育的压力下日益萎缩。清华大学老校长梅贻琦有句名言："所谓大学者，非谓有大楼之谓也，有大师之谓也。"而现今，学校正因不断加盖的大楼而变"大"，因不断扩张的校区而变"大"，因五花八门的技术而变"大"。在这样的环境下，教书育人的本质被压缩再压缩。知识在学生的头脑中呈几何级数增长，可独立的思考、批判的精神却被挤到边缘地带。秉性各异的孩子们只得挤在越来越狭小的空间里跳舞，在通向考试的路途中，逐渐变得面目模糊。

这些问题我们无法回避，亦无须掩饰。在宏大叙事里，问题和希望自然可以藏身其中、相安无事。但在每一个个体故事中，教育的任何瑕疵都有可能把人硌得生疼。

我们的记者采访过一位普通的小学老师，她对记者说，她曾看到过刚入学的小学生为了写拼音，手上磨出了老茧；看到过老师把塞满习题册的厚书包卡进孩子后背和椅背之间的有限空间里，只为强迫孩子坐直；看到过开学时孩子们向老师问好，脸上现出巴不得早点儿说再见的表情。

那一刻，她想到了台湾女作家张晓风的小短文《我交给你们一个孩子》："学校啊，当我把我的孩子交给你，你保证给他怎样的教育？今天清晨，我交给你一个欢欣、诚实又颖悟的小男孩，多年以后，你将还我一个怎样的青年？"

是啊，中国的教育故事里到底包含着一个怎样的青年？我们像所有老师、家长以及所有教育亲历者一样，焦灼地关切这个问题，一刻不敢松懈，因为我们的教育交出一个怎样的青年，这个青年就会以怎样的姿态加入社会。

如果这个青年冰冷、机械，只懂成绩而不知其他，那么他参加建设的社会就会变得残酷、冷漠；如果这个青年博爱、温和、理性且兼具人文情怀，那么他参加建设的社会就会变得温暖、包容。

因此，我们出发，努力将中国教育故事的图景勾画得更完整、更精细，也试图在这幅纷繁复杂的图景中，找到一条突围之路。

也因此，我们才如此珍视这些努力搜集的"课堂"。这些"课堂"或许并不包含多么深刻的教育理论、多么惊世骇俗的思想建树。但是，我们认为，在这些最平凡的老师、学生、家长身上，在这些日复一日、年复一年的琐碎故事里，总是包含了一些可以上达于"道"的东西。这种"道"我们可以用很多名字来称呼，比如"爱""理性""独立""平等""自由""人文关怀"……

我们不知道还有多少这种像珍珠一样珍贵的"课堂"，散落在时代各处。穿起这些珍珠，是一个耗时耗力甚至没有终点的工作，但我们坚信这项工作的价值。

感谢出版社编辑朋友们的鼓励和帮助，让我们捧出这串倾注了《冰点周刊》全体同人心血的珠子，希望它发出的光芒，能够闪烁在更多关心中国教育的人们前行的路上。

《冰点周刊》编辑部

2017 年 2 月 24 日

PART ONE

第一辑

寻真，课堂

法学课里的复杂中国

从 2014 年的秋天开始，上海律师刘轶圣每隔一阵子，就会在周六前飞往北京。工作再忙，天气再差，也没间断过。

令他赴约的不是一桩了不起的官司，而是一堂课。

每到上课时间，清华大学法学院三楼那间普通的教室里，就会汇聚不少人。有学生，法学院的、外系的；有老师，本校的、外校的；有律师，有法官……学历从本科一年级到博士后，包括读过哈佛大学法学院的刘轶圣。

引力来自那位圆脸的主讲人和他所讲授的内容——"中国司法制度与司法改革"。

主讲人名叫何帆，他身上背着一连串的头衔——最高人民法院司法改革领导小组办公室规划处处长、法官、几大本洋书的翻译、博士、网络红人。

"据我所知，此前还没有哪个法学院专门开设过这个课程。"清华大学法学院教授何海波说，正是这位教书十载的法学专家促成了这堂课走进清华。

在他看来，学生们需要"另一种知识"，而何帆就是传授者的合适人选。

"另一种知识"是什么？

从童话到现实

这几年，法学教授何海波最担心的事，就是学生们理解不了现实。

在他看来，法学院更多地将培养重点放在让学生进行法律理论、规范的学习上。这虽然是必要的基本功，但学生要是光有这个基本功，就会"不接地气"，缺少对实践的了解和操作技能。

这位教授还带过"国际班"——一个从本科生中选出 20 人组成的"精英班"，培养"兼具中国情怀和国际视野"的学生。

这些学生都非常聪明、勤奋，外语很好，"但缺乏引导"。何海波发现，作为法学院的学生，他们不知道什么是党组，不知道人民司法是怎么回事，不去想司法制度未来将会怎么样。

"一个人进入单位，才知道'党组'多么重要。但在法学教科书里，没有这两个字。他们读了四年法学教科书，就像一直在读童话书的孩子，就这样被送进社会。"

何帆也曾读过"童话书"。读研时，他去听庭审，看到法官犯困，内心非常愤怒："怎么能在神圣的国徽下打瞌睡呢?!"

可当他真的到了法庭上才发现，很多时候，证人不出庭，鉴定人也不出庭，没有交叉询问，没有控辩，从头到尾都是检察官在念起诉意见书，整个法庭无趣乏味，"困得恨不得拿 2B 铅笔扎自己大腿"。

"理论上的东西，老师都会教，审判独立、法官权威、司法中立这都是真理，没错!"何帆说，"但要看在中国的语境、制度环境下，法院是什么样的，存在什么问题。"

在去年的一次研讨会上，他碰巧遇到何海波。"我一直想开一门课，讲讲现实中的中国司法。"何帆话音未落，何海波马上应承下来，"几乎是一拍即合"。

在训练学生实践层面的技能方面，何海波已经做过一些尝试。

寒暑假期间，学校会安排实习，也鼓励学生做一些论文、调研项目。但他认为，这些远远不够，"法学院的学生更需要理解复杂现实的能力"。

他在行政诉讼法的课堂上，让每个学生写一个跟政府打交道的故事，阅读、分析报刊文章，调查自己家乡县级单位政府机构的设置。最花力气的一次是，他布置了一个"政府信息公开"的申请。

"他们兴奋、焦虑、沮丧又紧张。"何海波回忆，第一次跟政府打交道，这些年轻人不得不独自面对各种难题，有的连政府办公室都联系不上。

这就是只读"童话书"的结果——笨手笨脚，不会写诉状，也不懂重要政策实际的边界在哪里。

但在毕业聚会时，这次经历成了好多人口中"四年大学生活中能回想起来的经典片段"。

在与何帆商议之后，何海波立马去跟学校申请，很快就得到法学院的支持。何帆则开始准备课程内容。

那段时间，关于这门课该讲什么、怎么讲，他一边思考，一边打听。他发现有的学校也在讲相似的内容，但以批判为主，解释很少。即使有关于中国司法制度的介绍，也仅限于新闻报道和法律条文，层次较浅，没有从司法现状和问题出发。

"不少高校的法学院老师可能也并不了解中国司法现实中那些复杂的关系。"何帆推测道。对于这个话题，他计划在课程结束后写一本书。资料的收集和整理在备课过程中就能完成。

外接洋气，内接地气

第一次在网络选课系统里看见"中国司法制度与司法改革"的课程名时，清华大学法学院大三男生黄敏达默默做了两件事：一、搜索任课教师何帆的履历；二、搜索他的论文、著述。

"当过警察、审过案子、在搞改革……"黄敏达在心里打了一个对钩，这表示此人实践经验丰富。"读过博士，翻译过《批评官员的尺度——〈纽约时报〉诉警察局长沙利文案》《美国最高法院通识读本》……"黄敏达心里又打了一个对钩。再一看照片，"五官和谐，顿时心生喜爱"。

与此同时，大一女生易霏霏正在被室友鼓动着选这门课。两个小姑娘早就知道何帆，读过他的书，订阅了他的微信公号，一样热爱"何老师"的文章。

"选这门课要么是对司法改革感兴趣，要么就是慕他的名呗，花痴。"后来担任何帆助教的大四女生姜周斓调侃学妹。

黄敏达原本没想到，这门名字听起来艰涩枯燥，且排在周六的课其实是个"抢手货"。选课期间，他有空就点开页面，"像刷火车票一样刷课"，可就是刷不上。

眼看第一堂课就要开课了，他跟同学、老师打听好时间、地点，心一横，不要学分也要听。

"外接洋气，内接地气。"甫一亮相，何帆就得到何海波这样的评价。把老熟人搬来上课，何海波觉得合适。

因为在这位教授看来，很多学者尽管理论背景深厚，但未必能参与实践，而何帆却一直工作在司法改革的第一线。且据他了解，何帆对中国、外国司法的历史，都有过研究和梳理。最重要的是，要能镇住清华这些眼光挑剔的尖子，何帆比许多司法界实务部门的人士多了顶博士帽。

在第一节课上，何帆打开大红色衬底、金黄色栏线的PPT，开门见山地解释自己要讲什么："这门课教的是跳出法条看待司法；如何理解司法政治；如何看待政法体制；如何把握党法关系；如何分析中国问题。"

随后，这位老师也提了一个大多数法学课堂都会提的问题：法院是做什么的？

与陈述概念的方式不同，何帆告诉学生，要弄清，在中国的政治现实下、政权体系下，法院是什么地位；在中央和地方的关系下、党政关系下，法院又是什么地位。

"要撇开意识形态思维。"他上来就提出要求。

在后来回忆这门课时，几乎令所有学生印象最深刻的，都是何帆在这个颇有点"伟光正"（"伟大、光明、正确"的网络说法）的开头后面，讲了10个自己编排，但脱胎于真实案例的故事。

这些故事借用网络搞笑剧《万万没想到》的模式，讲述了主人公"王大锤"在中国司法现实环境中的各种遭遇。

他时而是法官，时而是法院的其他工作人员。他会被上级法院刁难，会被庭长干预案件，也会被领导派去卖报纸。

"主人公的名字好笑，但这些故事其实很残忍。"黄敏达回忆道，"它们直击当下的问题，比如法官选拔、晋升制度的不合理。"

故事讲完，何帆抛出 10 组主题词：法统、政法、小组、党委政法委、党组、干部、刀把子、群众路线、中央事权和大局／中心工作。

"这些东西都是法条里面没有的，但你不了解这些，就很难对中国现实的司法有清楚的认识。"他说。

沉浸在曲折的故事里的黄敏达也"万万没想到"，何帆第一堂课留的作业，一个是考据"干部"的由来，一个是梳理"群众路线"在司法工作中的体现，还有一个是梳理不同历史时期中国共产党对"大局"或"中心工作"含义的阐述，以及法院"服务大局"或"服务中心工作"的政策表现。

"三选一，每个都很难！"黄敏达说。然后他思考了一下，选了自己认为难度最大的第三个。

我不会去论证存在即合理

从敲定到开课，差不多过了半年时间，其间两个"何老师"也讨论过好几回。

何海波还记得，有一次，俩人逛清华大学南门外的万圣书园，回校路上，他推着自行车，何帆拎着一捆书，边走边聊。

"我有三个疑问。"大胡子何海波皱着眉头，将问题连续抛出："你是不是只讲法条？讲不讲外国法？会不会论证存在就是合理的？"

他希望何帆在这门课上，能够比较开放地讨论一些问题，而不是为现在的司法政策做诠释、做注脚。

直到何帆对三个疑问一一给出"不"的答案，何海波的眉头才舒展开。何帆心里很清楚，这些问题隐藏着何海波的担忧：如果就法条谈法条，就没必要请最高人民法院的法官来讲；如果动辄谈外国司法如何，这门课还不如更名；如果一味强调制度的"相对合理性"，价值观上就会出现偏差，容易误导青年学子。

事实上，他自己也有一肚子忧虑。根据他的了解，很多老师在教学的时候，一上来就把法律法条批判一通："这个立法的是个蠢货；这个立法的是我同学；这个立法的当年没我成绩好，你看现在都立得了法了。"

"学法律是为了捍卫法律，你在法学院的时候就瞧不起它了，怎么捍卫它？"何帆反问道。

而他同样不认可那些过于保守的课堂。"该批评还是要批评，有些问题本来就不合理，当然要改掉。"

在他看来，"了解和理解"是前提。"你不懂它怎么来的，为什么是现在这样，你改什么，怎么改？你怎么知道哪些能改，哪些不能改？"

在跟学生谈法官制度改革时，他会强调每个法官都有三重身份——党的干部、公务员、法官。所以要改革法官制度，就会同时涉及干部管理制度。

在何帆讲述的一则故事里，法官王大锤在案件审理过程中受到庭长的干预，非常烦恼。

"现在大家都讲让审理者裁判，由裁判者负责。也就意味着，这个法官对案子可以自己做判断，不用再向他的院长汇报了。"何帆语气一转，"但如果有的法院院长以党组书记的身份去过问这个案子，让你向他汇报，那你怎么办？"

在课堂上，他会耐心地跟学生们分析："要考虑的，是怎么样在坚持党的领导下，让权力配置更加科学，就算他是院长，是党组书记，想干预案件，也要有办法制约他。"

在学生们看来，这位法官穿着随意，笑容可掬，言语幽默，但他谈论的，都是根本性的实际问题。

最初，何帆对授课方式的构想还是"填鸭"——把知识点总结、梳理好，以自己讲为主，PPT 展示和课堂讨论为辅。

仅仅 3 堂课之后，他就发现，"这帮小孩能力太强了，干啥像啥"，于是干脆放手让他们主讲。

有一堂课，大家花了两个小时学习"小组"这个概念。学生们轮番上台讲了 3 遍，最后才由何帆将大家没有发现和掌握的知识点串讲一遍。"连我自己都印象深刻。"他回忆道。

易霏霏对这样的教学方式很满意。她认为自己收获了知识上和情感上的双重理解。

"沿着这个'小组'的脉络，你就知道中国很多东西是怎样做出来的。"易霏霏说。

即使在这个刚刚进入法学院一年的小姑娘的脑海里，一个关于中国司法改革的全景也在渐渐出现。

助教姜周斓对何帆怀有一种感激。"我以前认为，理解了社会现实以后，就会因为存在的合理性而否定改革的必要性。"她因此曾对这门课抱有怀疑，但后来她发现，这门课之所以陈述复杂现状，是为了厘清各种历史背景和现实力量的博弈，"才知道怎么改，而不仅仅是要不要改"。

"他当然不是在论证'存在即合理'。"黄敏达说，他坦言自己从前有点儿"小愤青"，批评欲很强，但在这门课之后，他最终明白，花一多半时间梳理历史、了解制度，然后再评判现状，方能谈论改变的可能。

难，但还是想上下去

在何帆调整了教学方式之后，黄敏达觉得，"作业压力还是很大的"。

连何帆自己都认为，这课听起来有趣，但要上好、吃透则很难。每节课他都会布置一个专题，让学生交 PPT，再选两到三个人来讲。他要求第一个讲完，第二个要跳过重复的地方，而且一定要标清参考文献是什么，"因为这能看出功夫"。

每次上完课，易霏霏和室友讨论最多的就是作业怎么办。两人常常互相对视，然后一起说出："不知道！"

有一次，何帆留了"党管干部的词源"这个作业，两个大一年级的小姑娘完全懵了，不知道怎么找资料。

"这门课压力重，而且不是学院规定的必修课，所以相当于这两个学分是你给自己白白增加了很多课外压力。"易霏霏起初这样想，但她舍不得放弃，"因为真的很有趣，想把它上下来，压力大一点不怕，大不了少睡一点儿觉！"

开课后，这间教室不断涌进一些外系学生和不少旁听生——有清华大学政治学系的老师，有最高人民法院的博士后，有已经从业的律师、法官，还有承诺不报道课堂内容，只想学习的媒体记者。

对律师刘轶圣来说，从上海飞到北京旁听这门课，需要的不仅仅是"少睡一点儿觉"。

这位清华大学法学院 2008 级本科毕业生、哈佛大学法学院硕士研究生在上海担任律师差不多一年了。他薪水很高，但困惑不少。

回忆在校读书的经历时，他说自己学了很多书本上的知识，但对现实运行的司法几乎不了解。

"为什么在课堂上学到的，走出校门后作用比较有限？"他举例说，虽然学了民事诉讼法，但真正起草起诉状、答辩状，到法院立案时，一下子上手还真是困难。而且试图和法官沟通时，经常不被搭理。

从老师何海波那里，他得知何帆要开一门谈中国司法现实的课，连一秒钟都没有考虑，就决定要听。

根据他在哈佛大学的见闻，美国大学的法学院常有大法官来讲座、交流，法官们参与学生"模拟法庭"的实践也很寻常。美国联邦最高法院第112 位大法官艾琳娜·卡根坚持每年到哈佛开宪法课，跟学生一起研讨重要的宪法案件。但在中国，刘轶圣觉得这样的机会几乎没有。

每次上课，刘轶圣都提前给自己订好机票。何帆很忙，课程时间总在调整，刘轶圣就一次次改签，"他在司法改革第一线，我有这个思想准备"。

何帆和何海波为此非常感动。更重要的是，何帆在刘轶圣的作业中发现，这位律师非常善于检索文献，还特地请他为全班同学做了一次报告。

何帆讲过这样一件事：王大锤是广东基层法院一名民事法官，一年结案 400 件，堪称"大拿"，却看到有学者拿美国法官年均 1400 件的结案数说事儿，称中国法官"案多人少"的现状是"伪命题"。

此外，还有学者提出，边疆地区法官人数明明不少，案子却寥寥无几。

在何帆的引导下，刘轶圣打开了另一种思路：和沿海地区不同，在边疆地区，法官还有维稳、宣示主权的任务。

"问题可能没有标准答案，但探寻的过程非常有意义。"刘轶圣说，他坚持完成一部分作业，比如梳理人民法院在整个国家体制中的作用。

"这就需要把人民法院政法制度的演变，放在宏观的制度构建和发展演变的格局上去思考，要找到这个脉络，需要查找一些主管部门领导的年谱等。"

刚开始，他的女朋友并不赞成他对这门课投入过多的物力和精力，但随着课程的推进，刘轶圣每每回到上海都与她分享收获，这位毕业于复旦大学法学院的姑娘最终认为，"确实值得"。

在坚持上完每一节课后，刘轶圣感慨，改革涉及的面太大了，说比做容易很多，做起来又比想象的难很多。

"我对现行的司法改革有了一种理解。"他说，"我们都不认为'存在即合理'，但理解是解决的基础之一。"

跳出了法学教科书

北京大学法学院副教授车浩对何帆的课早有耳闻。

"请熟悉司法实践和改革动向的法律人到高校授课，对于学生了解实践中的制度运行，以及明确个人未来的工作方向等，都有很重要的意义。"车浩觉得挺好。

尽管根据何海波的粗略统计，每年清华大学法学院毕业的学生，只有差不多十分之一会从事传统的法律工作。

"我们的目标是培养律师、法官、检察官，但清华大学法学院的本科生毕业后选择很多元化，比如去政府、企业或公益组织的法制部门搞研究。"何海波表示，即使是当律师，大量的非诉讼律师一辈子也不进法庭，"所以法学院的教育和我们的培养目标不匹配"。但他认为，关键还不在这里。

他的想法再一次与何帆不谋而合。

课前，何帆特意去问何海波，清华大学学生毕业以后进公检法的有多少。在得到"不多"的答案后，他在第一堂课上就告诉学生，也许他们大多数不会进入司法机关，有些也不会做研究，但他们当律师可能会面对法庭的辩论；当企业的法务，老板会问他们，这个事儿法院会怎么解决；在跨国企业的政府公关部门工作，领导会问，这条司法解释是谁起草的，咱们怎么跟政府打交道。

"对国家的政策进行解读的能力、对政治现实的了解程度，对每个人以后走上社会都很重要。"黄敏达说。

在他看来，自己即使不当法官，不代表法官的待遇就和他没关系。因为他最终认识到，在任何领域，法院都是纠纷的最后裁决者，做什么都要和中国的司法制度打交道，而司法改革的方向则和每个人的未来息息相关。

在刚刚过去的两会上，何帆最关心的是代表们对深化改革的举措有什么样的意见和建议。他忙着听会和发布《中国法院的司法公开》（白皮书）的事，微信朋友圈也没闲着，不时发出关于两会、读书、加班、美剧的帖子和事关中国司法的最新热点新闻。

搞了 8 年改革，他的故事非常丰富，以至于第三个本命年刚过，学生们已经在期待他的回忆录了。

结课那天，他做了一个报告，写出来有 3000 多字。在这篇报告中，他对在课堂伊始提出的不少问题做了回应和概括。

他自己也很遗憾，因为太忙，课程时间一再调整，也没来得及就一些问题对学生做出更精进的点评、引导。他脑袋里过了一下自己的时间表，决定在接下来的这个学期不开课。饶有趣味的是，何帆在最后一课的报告结尾附上了这门课的考试题。

此前，车浩曾将何帆编进自己的刑法试题中，这一次，何帆声称"借期末考试报一箭之仇"。他仿照车浩的做法，将试题写成了一篇题为"车皓法官职业理想与现实环境大碰撞"的小故事，并要求学生以书信体向"车皓法官"提出建议，不要论文，不许拍老师马屁，可以抒情，但要"负责任"。

下课后，很多学生都冲向他要求合影，在充分利用了那个"摆拍道具"后一哄而散。黄敏达一点儿也不记得这位圆脸的男士是怎么离开这座大楼的，"可能和他来时一样安静"。

"当你出入各种楼堂馆所，过上各种各样的生活时，不要忘记你曾经为民主、法治这样的词汇激动过。"刘轶圣说。

何海波则在微博上写下了一段感言："2014 年，我做得最英明的一件事，就是请何帆来清华讲课。希望这不是他的最后一次。我相信，清华更需要培养学生理解'复杂中国'的能力，而不仅仅是追求'司考'通过率更高、GRE 分数更高。"

一门课，最终还得有个分数。在试卷上，那个提问题"幼稚好笑"，分析问题"过度操心"的黄敏达，有了一个不错的成绩。

这个大三小伙子基于课程内容，认认真真地给"车皓师兄"剖析了司法改革的全局环境，并做出了颇为周密的职业规划建议。他的这篇答卷也被何帆作为优秀作业，用微信公号发出。

同样被展示的还有姜周斓的信。在理性的分析之余，这个姑娘情绪饱满地写道："我愿与你一起吐槽，和你一起批判。但更愿我们能互相箴规，彼此扶持，不被一时的利害与一己之悲欢遮了眼睛、蒙了心，更愿岁月能让我们从批判走向建设，进一寸有一寸的欢喜，在大时代中做个自由的舞者。"

秦珍子 / 文

（实习生王宇对本文亦有贡献）

2015 年 3 月 18 日

历史课

18个学生坐在教室里。迎接他们的，是高中第一堂历史课，以及用粉笔写在黑板上方的一个问题："什么是历史？"

8月30日，江苏省扬州中学，历史老师王雄笑眯眯地望着讲台下的学生，他们都刚刚经历中考进入这所省重点高中。"这就是我们今天要研究的问题。"他指了指黑板，"大家都可以回答，要记住，很多问题没有对错。"

"我认为，历史就是过去的事情。"戴眼镜的男生最先回答。另一个则接着说："历史应该分为两种。一种是纯粹客观的，另一种是带有政治色彩的，比如日本书里的历史和中国书里的历史就是不同的。"

一个穿白色衣服的男生站起身来发表意见："历史是开始、繁荣、衰败，又开始、又繁荣、又衰败。"最后，他干脆斩钉截铁地下了个结论："历史就是一个圆。"听到这里，他的同学都忍不住哈哈笑起来，就连这男孩自己也抿着嘴笑了。

学生们热烈地讨论了一个多小时，直到王雄提出下一个议题："同学们能用画画来表现当下的历史吗？"

几分钟过后，同学们手里举起了各种各样的画。其中一个大眼睛男孩用黑笔画了许多个小圆圈，又用一个箭头指向了底部的大圆圈。"这是刚才发生的历史——我们在讨论什么是历史。一开始会有好多个答案。"他指了指那张画，"但最后，我们还是会形成一个统一答案，就像这些小圈最后会变成一个大圈。"

"'统一'这个词，要谨慎地用。"王雄望着眼前的学生说，"再想一想，这堂课，我们真的有统一答案吗？"

几乎没有什么系统的总结，他便突然笑着点点头："大家鼓掌，这堂课结束了。"

显然，没有人预料到这堂历史课会这样突然地结束，学生们愣了几秒钟，教室里才响起掌声。

对于新生们来说，除了这位历史老师的名字，王雄的一切都还显得很陌生。他们当时并不知道，王雄2006年就被评为江苏省首批教授级中学高级教师，他的一堂公开课还曾被《南风窗》誉为"70年来中国公民教育第一课"。

他们也不了解，这位老师将历史课视为公民教育的核心内容。他把自己的观点写入了"课堂教学案例分析"中："如果一国公民只会背诵现成的答案，或者只会单向性思维，那么这一国的公民几乎不可能质疑政府不当的政策，也不可能对复杂的社会问题提出良善的建议，当然，也会缺乏创新精神。"

其实，在新学期第一课前，王雄就预想过，刚刚参加完中考的孩子们很难这么快就接受一堂没有标准答案的课。与他想象中一样，课后，3个学生自愿留下来做扫除。一个黑瘦的男孩一边擦着黑板，一边扭过头说："我觉得这堂课没什么收获。作为一个老师，他总该给我们一个标准答案。"

像"半殖民地半封建""资产阶级""软弱性""妥协性"这些词，很多学生一个都不理解，但并不妨碍他们熟练地用来答题

如果回到20多年前，给出"标准答案"对王雄来说是件再简单不过的事情。

当时的王雄尽管年轻，却已经是扬州中学很受欢迎的历史老师。他能用粉笔在黑板上画出惟妙惟肖的古代人物和春秋战国时的地图，还善于讲述秦始皇、唐太宗等历史人物的生平故事。

曾经有一次，王雄在课堂上生动地讲了拿破仑的故事，结果在课间遇到学生时，大家都改口直呼他为"拿破仑"。

不过，按部就班的课堂教学生活之外，一些看似奇怪的问题已经在王雄的脑子里发酵起来。他记得，当时的教材在内容选取上以近代革命史为主，古代史和现代史都很少。而世界近代史部分则会浓墨重彩地讲述巴黎公社、十月革命等事件，似乎一个贯穿始终的线索就是"资本主义必亡，社会主义必胜"，这些出现在历史书中的语句和政治书上的表述并无二致。

到 1992 年的时候，党的十四大提出建立社会主义市场经济体制。但那时，历史书仍然保留着"计划经济有八大优点"的表述。"有的老师想不通啊，这个是怎么回事？"那时候老师们都住在筒子楼里，王雄记得，历史老师常常会和政治老师坐在一起交流，而政治老师往往比历史老师"还难转过弯来"。

"我觉得历史不是政治啊，但是当时的历史课本就像是在用历史证明政治。"王雄并不适应这种教学方式。在大学时，他有一位很敬重的老师叫程敦复，老先生毕业于山东大学历史系，治学极为严谨，讲授《尚书》时，经常要花上一节课时间来讲解一两句话。

让王雄印象深刻的是，程敦复坚持西周封建论，这与当时占主流地位的战国封建论相抵触。"他反对教材的讲述，但他会认认真真地反对，一个字一个字地反对。"在程敦复的课堂上，王雄第一次接触到了学术冲突。

在走上工作岗位后，王雄很快就发现，某种简单化思维深深地影响着中学历史教学。比如，评价历史人物只有功和过，评价历史事件只有进步和局限；谈到革命的根本原因，都是生产关系阻碍生产力的发展，谈到中国为什么落后，必是西方列强的侵略。

还有一句万能术语："半殖民地半封建社会资产阶级的软弱性和妥协性。""像'半殖民地半封建''资产阶级''软弱性''妥协性'这些词，很多学生一个都不理解，但并不妨碍他们熟练地用来答题。"在王雄的记忆里，很少有学生会提出疑问，老师们也并不会多问学生是否理解，只要符合标准答案就打一个钩。

幸运的是，在当时的扬州中学历史组中，很多老先生保持着做学问的习惯，每天晚上都会自觉来到办公室读书或讨论。在这样的学术氛围中，王雄渐渐形成了"不唯上、不唯书、只唯实"的治学态度。那段时间里，他先后阅读了英国史学家柯林伍德的《历史的观念》、加拿大史学家威廉·德雷的《历史哲学》、波兰史学家托波尔斯基的《历史学方法论》等不同流派的多部学术书籍。

1995年，王雄在《中学历史教学参考》上发表了自己的第一篇历史教学论文《历史的理解与理解历史》。在那一年11月2日的读书笔记上，他写下了这样一段话："灌输的最佳方式就是要求人们背诵，不论是否理解，先去背诵，当你会背诵了，灌输就成功了……怎样让理性回到人们身边呢？主要是要让人们质疑，质疑是理性的基础……首先应当培养他们的质疑能力。"

我们不能把自己的观念强加给学生，学生完全可以不接受教师的观点

在王雄所带的班上，同学们都喜欢称呼这个爱戴棒球帽、穿361°品牌帆布鞋、骑着儿子的旧山地车上下班的历史老师为"老小伙"。而在这个"老小伙"身上，寻找到质疑精神并不是一件很难的事情。

讲述甲午战争时，他会毫不客气地指出教材中使用的图片是电影《甲午风云》里的截图；在为一本由中学生撰写的家族史文选写序言时，他也直言不讳地做出"传统历史课本上没有人，只有人名"这样的论断。

有一次，扬州市一所打工子弟学校的校长找到王雄，请他为孩子们上一堂历史课。王雄痛快地答应了这个邀约。但他很快发现，按照课程标准，这一章讲授的内容主要包括社会主义市场经济建设中企业制度的变化以及社会保障制度的建立。而在这个班里，绝大多数的学生都来自外地农村，有的家长就是因病下岗而致贫的。

"老师应该真诚地面对学生和历史，在他们面前，建立完善的社会保障制度这样的话我讲不出口。"王雄说。后来他将一本《小岗村的故事》带到了班上，从小岗村讲起了改革开放与市场经济。

20世纪90年代末，他曾经上过一堂公开课，内容是英国资产阶级革命。站在讲台上，年轻的王雄决定以一种"告别革命"的方式讲述这段历史。他将那堂课的重点放在对《权利法案》的阐释上，并给出自己的观点：英国是一个没有宪法而有宪政的国家，它之所以成为近代史上的帝国，真正的基础是法治而不是革命。

公开课结束后，听课的老师们集体坐在那里，沉默了大半天。最后，除了一个女老师觉得这种"违背教材"的观点算是一种探索外，其他老师则"全都在批评"。

这次经历让王雄"难过了很久"。更让他感到遗憾的是，在授课过程中，尽管有些地方并不容易讲通，学生们却很少提出疑问。

在王雄的第一批学生里，一个叫顾江龙的男孩子考上了北京大学历史系读博，如今在首都师范大学讲授中国古代史。提起王雄，这个年轻的历史系老师有点激动，他仍能清楚地记起，王雄送他的第一本书是《世界体育小说精选》，也记得王雄将学生们带到屋顶上讨论，还把望远镜递给他看星空。

而对于老师的困惑，他也深有感触。顾江龙经常告诉学生，观点没有绝对的对错，对于历史的解读往往是多种观点并存的。但他发觉，一些高考历史成绩很好的学生却往往"转不过弯来"，总习惯追问一个"绝对的结果和绝对的对错"。

1998年年初，扬州中学迎来了一位远道而来的客人——来自美国的历史教师詹妮丝博士。这位胖胖的女士曾经到过20多个国家讲学，在小学、中学、大学都讲授过历史课程。为了了解海外的历史教学情况，王雄专门请詹妮丝吃了顿午饭，并和这位前辈从下午一直聊到晚上。

"我很想了解你们在中学里主要采用什么样的方式进行教学？"王雄直

接抛出了问题。

詹妮丝告诉这位年轻的中国历史老师，美国历史考卷的题目很少能在书上找到现成的答案。王雄记得，詹妮丝举了这样一个题目作为例子：烟草工业是美国变富的原因之一，而烟草对人的身体是有害的，你对此有何看法？

"你们会教给他们统一的评价标准吗？"王雄好奇地问。

"不同的社会价值观有不同的评价标准，教师只能教给他们方法，如寻求资料支持、逻辑论证等。我们不能把自己的观念强加给学生，学生完全可以不接受教师的观点。"詹妮丝博士强调道，"这是一项非常重要的原则，违反它，最严重的情况就是遭到学生与家长的投诉。"

在这次长谈里，王雄还了解到，美国有很多种教材，可供教师选择的余地很大。至于美国的学生，则习惯了在辩论中研究问题，而他们"非常怕记历史年代"。

事实上，从和詹妮丝谈话开始，王雄对于历史教学研究的视野就不再仅仅局限于国内。

有一回，在一本杂志上，他读到了一位华裔家长所讲述的美国历史课的故事。

那是一堂讲述"独立战争"的历史课，老师达塔在课上宣布："由于教学经费紧张，本来是免费提供的课堂用纸，今后5分钱一张。现在，大家拿钱来领纸，准备小测验。"

教室里一阵骚动，孩子们纷纷嚷嚷："这不公平，为什么事先不通知我们？""为什么要5分钱一张？商店里可不是这价钱啊！""怎么别的老师不收我们的钱？"

"对不起，可是我不得不这样办。"达塔没有理会那一张张"憋红了的小脸"，坚持要收钱。包括这位家长的小孩在内，很多孩子都无可奈何地拿出零用钱。一个叫艾米的女孩刚开始很坚决地抵制："我就不交钱。"但最后也只能交钱领纸。

考试开始后，事情发生了转折。闷头答题的学生们发现，最后一题写着："花钱买纸的事不是真的。写出你当时的感受。"

"我是个不会说谎的人，得低头不看他们才能继续装下去。好几次我都快憋不住了，但还是忍住了。"不久后，历史老师达塔便将这个故事告诉了家长："我是想让孩子们体会那种感受，当英国议会决定向殖民地强行征收印花税时人们的心情。"

而这位老师所遵循的，其实是美国教育部门颁布的教学大纲中的指导性原则：程式化的理论不能帮助儿童学习如何评价历史。

某种意义上，这个原则也影响了王雄日后的教学生活。

在高三学生商蕴清的印象中，王雄将近一半的历史课都是通过分组讨论的形式展开的。在讲鸦片战争时，王雄就将教材里的资料、来自英国史学界的论述乃至林则徐给道光皇帝的上书都提供给了学生，"却从来不要求我们必须选择相信其中一个"。

最常见的情景是：王雄斜挎着一个特别大的书包走进教室，然后从里面拿出一堆大部头的书，"哐哐哐"地摞在讲台上，再分发给各组开始讨论。有时候，王雄还会将快绝版的线装古籍借给学生，书上还有樟木的味道。每次借书时这位"老小伙"都会做出恋恋不舍的样子："很贵的哦，一定要还哦。"

商蕴清还记得，几乎在每一节讨论课后，王雄都会布置一篇历史作文，并要求学生们论从史出，养成做引注的习惯。而王雄在批注里最喜欢写的话就是："历史真的是这样吗？""你同意这句话吗？""是否有论点支持？"

在外开会的时候，也有历史老师会直率地问王雄："我们有个想法，不知道合适不合适。你的教学方法不错，但是考试怎么办？"

事实上，王雄曾经带过 13 届高三班，高考成绩总是可以稳定在年级的前两名。在王雄看来，高考恰恰是"最容易研究"的东西，他曾经把命题组所有老师的研究方向都钻研了一遍，甚至还会组织学生自己出高考题。

"我会告诉他们，课本上的内容往往代表着一种观点，你应该了解它，但不一定信仰。"王雄总结道。

历史教科书如何写，实际上是基于对一个更为重要的问题的理解，那就是，我们要培养什么样的公民

王雄对于历史教学的思考并没有止步于此。

2005 年，已经成为扬州市历史学科带头人的王雄作为志愿者，参与了一场与公民教育有关的公开课。

"你参加过投票吗？"

"你参与过表决吗？"

"你参加过讨论吗？"

"你认为经常参与这些活动，与从来不参与这些活动，会有区别吗？"

"如果有学生被禁止参与这些活动，你认为合适吗？"

当时，王雄在公开课上这样发问。随后，他又问学生们："你们知道联合国《儿童权利公约》吗？"

和王雄共同投身到公民教育活动中的同行，还有好几位都在江浙一带教历史。那段时间里，他们经常利用假期结伴去北大听讲座，从头学习法学、政治学、经济学和社会学的内容。

"突然觉得课本上的很多东西自己都不懂了。什么叫法治？法治和法制有什么区别？什么叫民主？民主的局限性是什么？什么是私有财产？私有财产该不该保护？权利和责任之间的关系是什么？都是一笔糊涂账。"47 岁的王雄说着指了指自己微秃的头顶。在那段时间里他们经常通宵学习，而他也正是从那时开始掉头发的。

王雄曾看过一本介绍英国历史教学的书。早在 20 世纪下半叶，英国人就已经开始讨论"学历史干什么"的问题了，而在争论中，"教材应该写进什么内容"则成为争论的焦点。

"我当时的感觉是，咦？发达国家也会遇到这样的问题？"王雄回忆道。

事实上，在二战结束后，盟国曾经在整肃德日法西斯主义，对其进行民主化改造的过程中，对历史教科书进行过审查和干预。其中，德国曾为了停止使用纳粹时代的历史教科书而暂停历史课教学；在日本，全国的教师和学生则用墨水和剪刀删除战时教科书中的军国主义、极端民族主义和以天皇为中心的神道宣传内容，在史上被称为"墨涂"。

在这场世界性的历史教材反思潮中，一种观点在讨论中成为主流——让学生学会反思和批判性地评价国家政策，而不是盲目地服从权威，这对国家的未来至关重要。历史教科书如何写，实际上是基于对一个更为重要的问题的理解，那就是，我们要培养什么样的公民。

2005 年，江苏省的中学历史课堂迎来了新课程教改。王雄记得，新课程的指导思想强调了"培养学生独立思考的能力"，并且明确提到了"为了中华民族的复兴和每一个学生的发展"。

这种变化也出现在了王雄的课堂上。新课程教改开始后不久，王雄就要在一堂课上讲解第一次世界大战。

他选择让学生看这样一幅战场画面：远远近近的妇女在尸横遍野的战场上辨认自己的儿子或丈夫，一位老妇人站在一具士兵的尸体旁，弯着腰，举起双手。

其实，王雄本来的用意是想让学生们摆脱单一思维的战争史观，看到战争背后每一个普通人的命运。但讲课的时候，他竟然没有控制住自己的情绪，扭过头去擦了擦眼泪。

后来，语文老师告诉王雄，一位坐在前排的女生把这一幕写进了自己的作文里。

"这些学生，很理解你。"语文老师对他说。

随着新课程教改的启动，思想史作为专题教材出现，其中有一章讲的是古希腊哲学。

王雄清楚地记得，这个新增加的内容包括讲授哲学家普罗泰戈拉的名言："人是万物的尺度。"

这让他想起，在过去的革命史中，人物往往是为国家大事而存在的，这样的历史观蕴藏着特殊的价值目标：只有参与到国家大事中，普通人的生命才是有意义的，才是有价值的。

王雄试图在课堂教学里摆脱这种英雄史观的束缚。

在人物选修课中讲到邓小平的时候，他给学生们展示了几张不同的照片，其中包括法国留学时的邓小平、刘邓大军里的邓小平、党的十一届三中全会上的邓小平以及南方谈话时的邓小平，而学生们最喜欢的一张照片却不是这些，而是一张邓小平晚年的照片，他戴着眼镜坐在沙发上，孙子顽皮地趴在他身上。

"过去讲伟人都是仰视的史观，而公民教育并不需要这些。"王雄说。

历史教师是通过学生在建构一段新历史，传授什么，代际间就会流传什么

在王雄的历史课上，改变不止这些。他的上一届高三班学生尤文恬记得，上王老师的课记不了多少笔记，黑板上总是写满了同学们自己的观点，"一到考试的时候，我们甚至需要拿别的老师准备的讲义来复习"。但是，在她参加的那一年高考里，出现过一道题目新颖的开放式小论文，"很多同学都傻了！但我们却感觉很熟悉"。

对于其他班级习以为常的默写，王雄也不怎么"感冒"。有一回临近高考时，历史课代表在黑板上写下了"今晚历史默写"的字样，结果马上有同学惊呼："这是属于王雄的第一次默写啊！"

一次上公开课，讨论到历史教材的话题，一个学生大胆地用了"枯燥无味"这个词。王雄激动地回应说："太好了，我们应该这样，去真诚地触摸自己的感觉，有勇气说出真话。"

另一次公开课，一个慕名而来的女教师带着自己上小学的儿子来旁听。结果王雄径直走到小男孩面前，用"极具蛊惑性"的语调问道："小朋友，你说，历史是什么呢？"

"历史，就是埋在土里的东西。"小男孩童言无忌，王雄则带头为他鼓

起掌。

当然，并非所有人都能适应这种教学方式。

商蕴清记得，小组讨论时有一个同学从来不发言。商蕴清曾经问她原因，她无奈地说："都怪初中老师，那时候他提问题，我们站起来后答不出来就要被罚站，从此我就再也不想说话了。"

在王雄看来，老师对待教科书和学生的态度，将会直接影响到学生公民人格的塑造。他在自己的专著《中学历史教育心理学》中这样写道："说得直白一些，我们历史教师是通过学生在建构一段新历史。如果我们只注重说教，他们也会认同说教，他们在成人以后也会像我们一样坚持将说教向后代传递。那么，今天我们自己的偏差、缺憾，甚至混乱的思维、荒唐的举动都会在代际间流传。"

2011 年，全国历史教师教育专业委员会第三届年会的主题是"历史教育与学生的公民素养"。王雄特意选择了"辛亥革命"这一课，作为年会上公开课的讲授内容。

在传统的教学习惯里，这堂课的重点应该放在革命的原因以及革命的意义上。但王雄希望换一种方法讲述这段历史，为此他琢磨了整整一个暑假，却连一个字的教案都没有写出来。最后，一个偶然的灵感"救"了他。

公开课上，他引导学生讨论《钦定宪法大纲》与《中华民国临时约法》的不同，还让每个小组的学生都用身体雕塑的方式表演两种场景：一个是在皇宫里讨论国家大事的场景；另一个是在国会里议员们的开会状态。

一个饶有意味的结果是，学生们大多用"大臣跪拜皇帝"的形式定格皇宫里的情形，而转到国会议员们的角色时，高中生们便迅速表演出了"举手表决的开会情景"。

王雄为这节课确定的主题是——共和时代已历百年，下一个百年，我们将如何度过？

在后来写成的"课堂教学案例分析"中，王雄这样写道："仅仅靠《中华民国临时约法》并不能改变很多人的传统思维和行为方式，共和国的建立与国民的行为习惯密切相关，换句话说，真正的制度变革需要的是每个公民从行为上改变自己。如此，公民才成其为公民，共和国也才成其为共和国。"

我们不要去推诿，否则对不起这个时代

去年年底，王雄参加了一个关于高中新课改课堂教学的交流会。当时，几位校长轮番在台上纵论课改。一个六年级的男孩跑到主持人那里问："我能问个问题吗？"主持人把话筒递给男孩，并鼓励他说真话。

结果男孩一张嘴就哭了，他哽咽着说："你们都在谈新课改，可是我很辛苦……"

这一幕被王雄记录下来，放在了题为"男孩在校长的舞台上哭泣"的博文里。后来，一位历史老师在后面留言道："我也是教历史的，而且也很喜欢历史，却教不好学生……现实很残酷，学校、家长是要成绩的，我只好匆匆画要点、重点、考点……你说，怎么办？"

对此，王雄深有感触。在他看来，尽管新课程教改已经开展了好几年，但在应试教育的指挥棒下，很多历史老师仍然将"考得好"等同于"教得好"，而很多学生也会将"考得好"等同于"学得好"，总之就是"只要能上大学，什么都不要管"。

他发现，仍然有不少教师习惯于备课时将复杂的内容编成一个或几个朗朗上口的排比句。更让人哭笑不得的是，还有一些历史老师会翻出新教材中已经被大幅删掉的简单化结论性语句，重新总结成篇，再教给学生。

更令王雄心痛的是，他曾听说，在大学历史系的课堂上，有的教授让学生们做的第一件事就是"闭上眼睛把中学学的历史都清空"。

王雄觉得，这种中断是一种巨大的浪费。他感慨道："中国的历史教育改革正处在说得太多、做得太少的时候，很多历史老师在理念上认同改革，却很难付诸行动。差的不是智力和思想，而是勇气与承担。"末了，他又补上一句，"我们不要去推诿，否则对不起这个时代。"

事实上，就连王雄本人也曾遭遇过不小的压力。曾有好朋友在酒桌上不客气地对他表达过反对，还有家长写信给校长批评他。在一次月考之前的单独谈话里，商蕴清曾经提醒王雄："我听到班上有一些不满的传言，并不是所有人都赞同你这种教育方式。"

王雄笑着对她说："你们是我从高二就带起的学生，我以前很少有机会这么早地带一批学生，到了高三就不太有时间做想做的事情。我希望你们在高二就能培养起一种历史思维，为的是超越高考，而不是应付考试。"

8月30日那堂历史课上，王雄照旧布置了历史作文。第二天，学生们将作文交上来后，他发现有一个学生写道："如果这么教，以后我们考试怎么办?"

"我有点儿难过，没想到应试教育的能量这么大。"王雄苦笑着说。

林衍/文
2012 年 9 月 5 日

理科生怎样学历史

目前我国教育有两个特点：大学被就业绑架，中学被应试绑架。要把中学生从"人质"状态中解救出来，需要全面的教育和社会改革，需要社会各阶层的智慧和决心，显然，这不是一朝一夕的事情。作为中学历史教师，能够做的事情固然相当有限，却也不是无可作为——至少可以让一部分学生先自由起来。比如，让占全部学生人数 70% 左右的理科学生在学历史时得到解放。

一方面，因为他们不参加历史高考，而会考要求又比较简单，"解放"有可行性。另一方面，因为我们看到一些理工科出身的官员、科技工作者甚至校长，在社会问题上的看法仍然停留在他们那个年代中学历史教育的水平上，其历史观基本局限在中学历史教科书范围内；由于专业所限，大部分理科学生很少有机会在课下主动学习教科书以外的历史，于是，他们在课堂上接触到的人文教育有可能决定其一生的精神底色。基于此，"解放"有必要性。

再者，教育的事情不能等到根本解决方案来临时才动手，那样的话，也许永远等不到根本解决方案。人类历史的经验证明，自上而下设计的完美方案通常不如自下而上形成的自发秩序来得合理，对社会而言，最佳的顶层设计是对自发秩序的认可和完善。所以，我愿意从中学理科历史教学这样一个小小的切面入手，来谈谈我的看法和做法。

批判性思维才是历史学习应当追求的目标

我们为什么需要历史教育？这涉及历史学科的本质。

为什么学历史？过去有一个标准答案：以史为鉴，可明兴衰。但仔细琢磨，这个答案对大多数人的生活是没有意义的。比如爱因斯坦，他不需要懂很多历史，照样可以在自己的领域做出杰出贡献。再说普通人，比如一个出租车司机，不懂历史就开不好车吗？一个计算机程序员不懂历史就编不好程序吗？好像没有什么因果关系。这在某种程度上构成了对以往的历史学科本质定义的一个挑战。究竟这个学科是干吗的？绝大多数人只想过一种幸福的，甚至是平淡的生活，天下兴衰，过去王朝的风云变幻，其实对我们个体的生活没什么影响，除非你想当统治者，才要去了解治理国家的经验教训。

那么学历史有什么用呢？我发现，周围的很多亲人、朋友、同事之所以不喜欢看那些我认为很好的欧美经典电影，很大程度上是因为看不懂。许多经典电影涉及诸多历史背景和典故，如果缺少对世界历史和文化的了解，就容易看不懂，看不懂就不喜欢看。这是一个很大的遗憾，可以说失去了一大人生乐趣。当然，这仅仅是学历史的浅层作用之一。

事实上，我们需要重新思考历史学科的作用，既需要从族群生存发展的角度来考虑，也需要从个体生活需要和自我发展的角度来理解。这样，我们在教历史的时候才会放下身段，才能避免以宏大叙事遮蔽个体诉求。没有对历史的了解和批判性思考，社会就不能分享如下共同记忆：我们曾经在哪儿，我们应有的核心价值观是什么，历史上哪些决定仍在影响着我们的生活……而一旦缺乏这种集体记忆，人们就会陷入政治冷漠症，甚至不能理解报纸上发表的新闻和披露的问题，不能听懂一场演讲的内容，不能和别人谈论相关的公共话题。

历史学习不仅能够丰富学生的精神世界，而且能够通过这种学习，内化那些有助于形成公民社会的重要价值观。其中，贯穿于历史学习过程始终的批判性思维是在政治方面形成明智才能的前提。

那么，究竟我们要教给学生什么？过去的历史学习，常常是"贝多芬"式的——一背分数就多，不背就没分。这其实完全扭曲了历史学习的意义。历史的确是由一系列事件构成的，但了解这些事件本身不是目的。历史事件只是一个一个的案例，透过这些案例，我们要分析，要学会如何从案例中得到一个明智的、合乎情理的见解。这个过程，以及最后形成的思维能力——批判性思维，才是历史学习应当追求的目标。若干年后学生即使忘掉了历史事件的细节，也不会忘掉分析案例的思维方式，这正是学习历史所要达到的目的。

凡是能百度到的，一定不是历史教学的真正价值所在

应试教育很大程度上绕开了历史的真正本质，在知识的皮毛上做文章。比如某些高考题，让你排列甲午战争、中法战争、戊戌变法、义和团运动这 4 个历史事件发生的先后顺序，排列对了就给分，排列不对就不给分。或者，即使有一些考察历史学科能力的题目，也只是在规定的前提下进行的所谓自由思考。这有什么意义呢？这些大多是百度就可以解决的。

我的体会是，历史教学的价值是百度不能解决的；凡是能百度到的，一定不是历史教学的真正价值所在。因此，我们教师的用力方向应该是电脑没法代替的方向，而不是跟百度、谷歌、维基百科比赛信息量。

如果我们还把自己学生时代受教育的那种模式复制到现在的教学中，那就等于把历史教学贬低到了电脑硬盘的程度。那样的教学无非是把一个储存着很多信息的硬盘拷贝给学生。那很糟糕，老师根本就没有竞争力——你竞争不过硬盘嘛。现在主流电脑硬盘有 500 个 G，我相信，人的大脑连 5 个 G 的信息都不能同时容纳。不过，电脑的 CPU 无法对自身储存的信息进行有机整合，创造新的认识和见解，而人脑可以，这就是人脑最可贵的地方。因此，我们的教学要用功的部分就是人脑处理信息

的能力。

这是一种什么样的能力呢？学习历史有助于学生用从过去的实践中总结出来的深度智慧去理解当今人类面临的重大问题，为即将到来的各种事态做好准备。历史以独特的视角展示了人类的伟大经历，揭示了个人和社会为了适应各种情况所做的调整；展示了很多由于错误类推或忽视历史教训而导致的沉痛代价。学生从中可以认识到，忽视过去可能会使我们成为过去的囚徒。进而，学生将意识到，不是所有的问题都有解决的办法，需要为偶然性和不合逻辑性做好准备。最终，他们在面临当今难题时，能够更深刻地意识到选择的多样性及其可能的后果，从而在现实生活中做出负责任的决策。

如果慈禧没挪用军费，清朝能赢吗？

青少年的天性是求真和好奇，他们不满足于得到一个既定的结论，尤其不满足于缺少说服力的结论，而历史教育现状给有想法的老师提供了做事的空间：有很多破洞，随便堵一个洞学生都会觉得惊喜，我们稍微用心一点就容易上出有"侵略性"的课。

这个"侵略性"指的是什么呢？首先是指在内容和思想方面有独到的见解，让人豁然开朗。其次，上课的"侵略性"还包括和学生的对话方式。比如讲甲午战争，必然要探究一个问题：我们为什么输了，而且输得那么惨？教材上的标准答案是清政府的腐败，比如慈禧太后挪用海军军费，导致北洋水师的实力打了折扣，等等。这怎么能叫学历史呢？这叫思想偷懒。我上课时就跟学生进行了如下对话：

> 我问：如果慈禧太后不挪用海军军费，把钱用在了建设海军上，我们能打赢吗？
>
> 学生答：有可能啊。

我说：好，我们来看甲午海战的一些细节。致远号在打光了炮弹之后试图撞沉日本军舰，结果被击沉，请问这些炮弹都打到哪里去了，以致最后日本军舰一艘未沉？这说明什么？

学生答：要么命中率低，要么带的炮弹少。前者说明官兵军事素养差，后者说明战备工作不好。

我接着问：甲午战争还有一个细节，邓世昌抱着他的爱犬沉入大海。他拒绝被援救，实现了"舰在人在，舰亡人亡"的承诺，很令人钦佩。但我们也发现，军舰上养宠物是个问题。军舰是一种高技术武器，需要非常精细的保养，在这么昂贵的军舰上你都可以养宠物，这说明什么？

学生回答：说明北洋水师军纪松弛。

我再追问：在军舰上养宠物或者在大炮上晒衣物是谁的责任？是慈禧太后的吗？

学生回答：不是，打输了每个人都有责任，包括英雄，不能只怪慈禧太后。

最后我再问：如果慈禧没挪用军费，清朝能赢吗？

学生们沉思了一会儿回答：可能还是赢不了。

2003 年我参加了一次重点中学优质课大赛。比赛时，我抽签抽到的题目是新文化运动。常规的备课套路是，背景、原因、内容，经过、结果、影响，最后是评价。但我没按照这个套路来，我把重点放在怎么评价新文化运动上面。

"规定动作"的评价是什么？新文化运动是一场思想解放运动，但它存在着对传统文化绝对否定、对西方文化绝对肯定的倾向，犯了历史虚无主义的错误。这是我们文科老师可能都知道的。但其实这个评价是很幼稚的，胡适、鲁迅这些人怎么可能像我们想象的那么简单呢？鲁迅说过不要读中国人的书，胡适也确实提出过要全盘西化，还有很多人都将传统文化否定得一塌糊涂，这其实是有一个背景的。

什么背景？就是他们对中国文化当中那种根深蒂固的劣根性的认识。胡适说，我们之所以主张全盘西化，提倡走极端，是因为传统文化的惰性会自然地把我们拖到折中调和上去。鲁迅说得更形象，他说如果在一间黑屋子里住着我们中国人，有人提出来要开一扇窗，人们会反对，因为我们习惯了维持现状。但是如果这个人说我们把屋顶掀翻，让新鲜空气和光线透进来，那么其他人就会妥协说，那你开一扇窗吧。所以，你要达到开一扇窗的目的，就必须说我要把屋顶掀翻。所以，新文化运动当中这种偏激的思想，其实是基于他们对传统文化中惰性的深刻认识，不是我们想象的那么幼稚。他们实际上是用一种矫枉过正的方式去攻击极其牢固的封建堡垒，然后达到一个折中的目的。

当时讲课时，我就把这个观点引进来和学生讨论，气氛十分热烈。后来教研员告诉我，我这个课能得一等奖，最主要的原因是思想性很强，令人耳目一新。

文史不分家

要教好历史，不能仅仅把自己当成一个历史老师。我对自己的定位是文科老师。我不觉得教历史就可以不读文学、政治经典，因为无论是政治、历史还是文学，研究的对象都是人和精神。

举个例子：法国大革命是一场轰轰烈烈的革命，但它存在暴力过度的现象，导致了革命的动荡和反复。3 次武装起义，一次又一次地把革命推向深入，对这个现象，我们使用的课本理解为法国革命很彻底，对其予以了肯定。但从文学的角度来看法国大革命，你就会发现这种说法是站不住脚的。

雨果的小说《九三年》以法国大革命为背景。小说中的朗德纳克侯爵是保皇派，他要推翻革命党，潜回法国召集保皇党人集会。但是消息走漏了，革命党人派郭文带着革命军来追捕他。保皇党人发现以后就提前撤退，并放火烧了他们开会的房子。但是在撤退过程中，双方都发现正在燃烧的房子里有 3 个孩子。朗德纳克侯爵就返回把 3 个孩子救了出来，当然也因此被革命党人捕获。然后，按照革命的原则，是必须要处决朗德纳克侯爵的，因为他是叛军的首领，放了他就等于纵容其残杀革命党人。但最后郭文释放了朗德纳克侯爵。因为他的良心、他所追求的人道主义精神，让他不能下手杀死一个刚刚救 3 个孩子于火灾中的老人。雨果在这个小说里，确立了人道主义精神高于革命原则的理念，而对以革命的名义进行的极端暴力予以了谴责。

看了文学作品就容易理解，为什么法国革命会出现这么大的暴力和动荡，会直线深入，其实源于革命党人对公平、正义和自由平等的追求的模式化和绝对化——为了革命利益和最高原则可以牺牲掉人类的良知、同情心、怜悯心。由于片面强调原则，强调公共意志高于一切，强调人民的意志高于一切，所以，只要以人民的名义我就可以判处你死刑。以前我们觉得这是理所当然的，但现在我们明白，其实这就是暴力的根源之一。但在历史课本中你分析不出良知的失守是造成法国大革命悲剧的一个重要原因，因为它没有这样丰富的细节。历史有一个最大的局限性，就是不涉及人性和人的内心世界，全是宏大叙事，缺乏个体的内心体验。文学里的故事情节可能有虚构成分，但内心体验往往是很真实的。

所以，就法国大革命这一课而言，把文学中呈现的情景放在历史课当中，比纯粹提供史料更能让人完整理解历史。人的精神世界是一个有机整体，教育就是要促进学生精神世界的发育，包括良知、理性、审美、使命感等。要完成这些目标，必须是整体给予，很多时候没办法将文学、政治、哲学从历史中摘出来，如同我们不能给学生大脑分区：C 盘管文学、D 盘管政治、E 盘管历史、F 盘管哲学。思想的河流流淌到哪里，我们就应该自然地学习那里的知识，无论它是文学的还是历史的。

历史课可以是洞察力和判断力的源泉

有人说，历史不能假设，我则认为，历史可以假设，甚至有时必须假设。因为我们学习历史有一个非常重要的目的，就是培养学生合乎情理的推理能力，以增强学生的预见性和洞察力。政治家、企业家在决策时既要根据已经掌握的真实情况，又要根据可能会出现的情况来进行判断，如果缺少了演绎推理能力，就可能做出令人遗憾的决定。即使是我们个人也会有面临人生十字路口的情况，何去何从，也需要依靠合乎逻辑的分析推理能力。

比如我们可以假设，假如林则徐没有被罢官，中国会获得胜利吗？太平天国成功了，中国会变得更美好吗？如果义和团胜利了，中国会进步得更快吗？如果没有发生西安事变，中国的历史可能会怎样？如果已经发生西安事变，蒋介石被张学良的卫队不小心打死了，历史又会怎样演进？等等。

当然，好的问题不仅仅只有假设这一种方式，我们还可以将截然不同的立场和观点同时呈现，以刺激学生思考。比如，以下两个材料都是马克思对太平天国运动的看法。马克思为什么会对太平天国做截然相反的结论？哪个看法比较合理？

材料一："中国革命将把火星抛到现代工业体系的即将爆炸的地雷上，使酝酿已久的普遍危机爆发，这个普遍危机一旦扩展到国外，直接随之而来的将是欧洲大陆的政治革命。"——1853年《中国革命和欧洲革命》

材料二：太平天国"除了改朝换代以外，他们没有给自己提出任何任务。他们没有任何口号。他们给予民众的惊惶比给予旧统治者们的惊惶还要厉害。他们的全部使命，好像仅仅是用丑恶万状的破坏来与停滞腐朽对立，这种破坏没有一点建设工作的苗头"。"太

平军就是中国人的幻想所描绘的那个魔鬼的化身……这类魔鬼是停滞的社会生活的产物。"——1862 年《中国记事》

　　在讲美国独立战争时，我提出了这样一个问题："今天，大多数美国人（包括中国的历史教科书）认为 1775 年爆发的英美战争是正义的解放战争，即独立战争，而许多英国人则认为这场战争是分裂国家的叛乱，你们怎么评价这场战争?"然后，我呈现了美国制作的纪录片《美国，我们的故事》中涉及独立战争的片段和英国广播公司制作的纪录片《英国海军》中同样涉及这场战争的片段。这引起学生的激烈争论，甚至激发了现场听课的老师发言的兴趣。

　　那天听课的老师中，恰好既有英国老师，又有美国老师。一位英国老师按捺不住，主动举手要求发言。他认为，这场战争是北美的富人譬如华盛顿等打着自由平等的旗帜而进行的叛乱，因为，北美的赋税负担很轻，只相当于英国本土的四分之一，并且这点钱主要用于保护北美免受法国的入侵，而且战争胜利后，美国依然保留了黑人奴隶制，根本没有体现其《独立宣言》里的"人人生而平等"的承诺……不可思议的是，两位在场的美国历史老师，居然点头表示同意英国老师的看法。

　　当然，英国方面的观点未必就正确，但历史课堂需要教学生学会妥协，而要做到妥协就必须善于关注对立面的立场，需要理解对立面观点的合理之处并能反省自身立场的不足之处。妥协不仅是态度，更是一种智慧。

国家的未来掌握在历史素养高的年轻人手中，国家才有希望

　　就历史教学而言，教理科班的老师更幸运，因为更有利于摆脱考试的束缚，空间比教文科班相对要大得多。同时，理科班历史老师的责任也要大一些。从理科班走出去的孩子进入大学和社会后，他们几乎没有再系

统学习历史的机会，甚至一些人都不再看历史书，他们了解历史的方式常常是通过电视剧和电影，而我们历史题材的影视作品很多都是培养愤青的"经典教材"。西安反日游行中的砸车者蔡洋就是一个痴迷于抗日电视剧的青年，他的举动跟历史课堂教育的随波逐流和媒体教育的煽风点火，也许不无关联。

所以，中学课堂给孩子的东西，很可能奠定其思考历史和社会的智力高度。中学的历史课堂不应该过分关注孩子的观点是否正确，是否跟老师一致，而应该关注孩子是否习惯在事实不全面的情况下悬置判断，是否学会了寻找全面对称的信息，是否能做到观点之前有事实、观点与观点之间有逻辑。只有把课堂关注点放在这些方面，我们的孩子才可能避免成为义和团或红卫兵。国家的未来掌握在历史素养高的年轻人手中，国家才有希望，才会有真正的和谐。

教育要做的重要事情，是从不同角度切入，让学生变得更智慧而不是更傻。我们过去所受的教育，给了我们很多思考的条条框框，某种程度上是在削弱思考。比如"规定动作"告诉我们，时势造英雄。马克思曾经在一封信中说，没有拿破仑，也一定会有另外一个类似于拿破仑的人取代他，领导法国继续革命。

于是，我们以猴子学样的态度忠诚地拘泥于字句。可只要时代需要，就一定会出现一个杰出人物吗？那1840年鸦片战争的时候我们不需要杰出人物吗？甲午战争我们割地赔款的时候不需要杰出人物吗？八国联军打进北京的时候不需要杰出人物吗？其实，所有这些时候，我们都需要有一个力挽狂澜的人物出现，但是他并没有出现。可见，杰出人物并不总是出现，而有一定偶然性。不过，当时代形势呼唤杰出人物的时候，杰出人物出现的概率的确增大了。所以，时势和英雄之间不是一种必然的因果关系，而是一种概率上的因果关系。

我想，历史教学需要我们把以前的那些经典的结论、理论在脑子里过一过：这是绝对的吗？有没有另外的可能性？即使我们老师不一定能把历史最精华的部分展示给学生，但至少我们可以放学生一条生路，给他们打开一扇窗，让那些有求知欲、有渴望的人能够从这个窗户跳出去。这是一个起码的原则。

上好理科班的历史课，不仅有助于培养国家公民，也有助于个体身份的形成。历史是个体身份认同的关键。它有助于自身定位，明了个人在时间长河中的位置，以及个人与全体人类的联系。如果一个人不知道他的根，不知道他在人类历史长河中的位置，那他就丧失了完整的自我意识以及民族意识。而这种意识，恰恰是个人全面发展与形成负责任的公民身份所依赖的基点。当然，获得理科历史教学的自由，不仅仅需要取消高考束缚的客观条件，还需要教与学的勇气。

魏勇 / 文

2013 年 1 月 30 日

一门"语文课"就够了吗

近些年，一批民国老课本的重见天日，激起了人们对于那个年代教育图景的热情及想象，也再一次触发了人们对当下母语教育，包括教科书编写的集体反思。

然而在笔者看来，这些教科书所揭开的只是民国教育之一角。在它们背后，蕴藏着更为广阔，也更耐人寻味的历史景观。

文言文与语体文一旧一新，相济相生，使得文化的薪火不至于中断

在中国教育史上，1920 年是一个特殊的年份。以徐世昌为总统的国民政府教育部训令全国各国民学校先将一、二年级国文改为语体文，并规定至 1922 年止，凡旧时所编的文言文教科书一律废止，改为语体文。此事件堪称中国母语教育史上旷古未有的变革。胡适对此做了高度评价："这个命令是几十年第一件大事。它的影响和结果，我们现在很难预先计算。但我们可以说，这一命令把中国教育的革新，至少提前了 20 年。"

不过，在当时的中国，新式教育兴起不到 20 年，上千年的教育传统还在顽强地与之抗争。国民政府教育部的一纸训令，并没有使"之乎者也"彻底退出中国教育历史舞台。在广大的城市、城镇和乡村，仍然活跃着无数大大小小的私塾，所使用的还是"三百千千"（《三字经》《百家姓》《千字文》《千家诗》，被称为"启蒙小四书"），以及《论语》《孝经》之类

的传统蒙学教材。据资料统计，1922 年，南京有私塾五六百所，广州有 1000 多所，全国加起来有 10000 多所，而遍布乡间的三家村式的蒙塾更是无以计数。从数量上说，远远超过全国的新式小学，形成蔚为大观的新旧并存的格局。

当时一些得风气之先的都市读书人家，在时代大潮的冲击下，往往采取一种变通的方式：先让子弟在家塾念上二三年甚或三四年的"子曰诗云"，再去新式学堂念书。或者干脆新、旧同时进行：周一到周五在学堂念书，周六去私塾念"子曰诗云"。陈从周先生在回忆早年受教育的经历时说："父亲去世后，在我 10 岁那年，妈妈将我送入一所美国人开的教会小学上学，插入三年级，但是我几个弟兄的中文根底却是老姑丈打下的。妈妈将我们几兄弟托付了他，因此我每天放学后要读古文，星期天加一篇古文，洋学堂外加半私塾。"施蛰存先生的情况也颇相似。他在世时曾对笔者提起，当年在上海松江上新式小学时，周末还要到一位老先生那里学古文。

另有家境更殷实的人家，则利用寒暑假延请旧学功底好的先生上门补习。杨振宁先生幼时在厦门上过私塾，在母亲的指导下背过《龙文鞭影》。后在清华上初中的暑期，时任清华数学教授的父亲杨武之先生，特地请了清华历史系的一位高材生教他《孟子》，花了两个暑假才把一部《孟子》讲完。后来，杨振宁回忆说："现在想起，这是我父亲做的一个非常重要的事情。一个父亲发现自己的孩子在某一方面有才能时，最容易发生的事情，是极力把孩子朝这个方面推。但当时我的父亲没有这样做。他却要我补《孟子》，这对我这一生有很大意义。"

无独有偶。2009 年诺贝尔物理学奖得主、原香港中文大学校长高锟从小在上海长大，每到寒暑假，身为律师的父亲专门为他延请一位家庭教师，指导他读《论语》《孟子》，还有《古文观止》等，且都要背诵。值得注意的是，杨、高二人的父亲均受过严格的西方教育。

除这两位科学家外，还可以列出一份长长的名单：胡适、陶行知、陈寅恪、郭沫若、钱穆、竺可桢、邹韬奋、朱自清、朱光潜、郁达夫、徐志摩、茅以升、梁漱溟、李四光、蒋梦麟、顾颉刚、傅斯年、丰子恺、鲁迅……这个熠熠生辉的名单如果一直列下去，几乎可以囊括近现代中国人文科学界的杰出人才，而他们早年均接受过传统的"之乎者也"的教育。

而另一面，即使在新式学校里，国文教师也并不全用语体文教科书教学。笔者采访过多位在 1930 至 1940 年间念小学或中学的学者。老先生们几乎异口同声地告诉笔者，当时上小学时学的还是语体文，但到了初中、高中则几乎全是文言文。邓云乡先生在其著作《文化古城旧事》中提到，当时高中生须会写文、白两种文体的文章，"因为考大学时，像北平北大、清华这类学校，大都出白话文题目，而南方上海交大、南京中央大学等，则都出文言文题目，高中毕业生必须学会写两种文体的文章"。至于高中国文教材，不少学校直接采用古文选本，如《古文观止》《古文释义》等。

即便是教会中学也不例外。北京汇文中学第十任校长高凤山先生曾留学美国，先后获美国西北大学文学硕士、波士顿大学教育哲学博士学位。1936 届校友何纯渤先生这样回忆道："我们老校长（高凤山先生）提倡文言和白话并重。我刚进学校半年就体会到了这个好处。"他还记得老校长说过的一句话："新的东西都是从旧有的东西传下来的。没有旧的就没有新的！"

不仅家庭和学校如此，一些社会出版机构也顺应这种趋向。作为最早编印中小学新式教科书重镇之一的中华书局，在编印小学语体文教科书的同时，还出版了一系列普及型的文言读物，如《古文比》（全 4 册）、《史记论文》（全 8 册）、《五朝文简编》（全 28 册）、《文学精华》（全 22 种）、《古今文综》（全 40 册），等等。其中特别引起笔者注意的，是一套供高等小学校使用的《评注古文读本》（全 6 册），每册 30 篇。此书首印于 1916 年 12 月，至 1933 年 3 月止，17 年间印行 33 版次。以当时全国识字人口的标准来看，这个数字已相当惊人。

另外，中华书局还分别在 1923 年和 1925 年编过一套新中学教科书《初级古文读本》（3 册）、《高级古文读本》（3 册），两者与同时期编写的

《初级国语读本》(3 册)、《高级国语读本》(3 册)并行不悖，形成文、白分编两套教科书的传统，在当时颇有影响。

颇有意味的是，1948 年，白话文的倡导者叶圣陶、朱自清和吕叔湘 3 人合编了一套《开明文言读本》，为当年开明书店汇集一些名家编印的系列国文教材中的一种，原计划出 6 册，实际只出了 3 册。1978 年，叶圣陶、吕叔湘先生删去《开明文言读本》中若干篇课文，将原来的 3 册合并成 1 册，即为《文言读本》，由三联书店出版。编者在《编辑例言》中说："我们把纯文艺作品的百分比减低，大部分选文都是广义的实用文。"书中一共选了 32 篇文章，从体裁上有小品、佛经、笔记、序跋、小说、古风、近体律绝、家训、政论，等等。作者则上至先秦，下至鲁迅、蔡元培，各代都有。编者还特意编排了一些白文，供学生断句和标点。

由此可见，20 世纪初至 20 世纪 50 年代，尽管移植于西方的现代新教育已从课程结构和课程内容上全面改写了传统中国教育，小学语体文教科书代替了"三百千千"，"狗，大狗，小狗"（1922 年商务印书馆《新学制国语教科书》第一册第一课）代替了"天地玄黄，宇宙洪荒"，但无论是在学校还是民间，文言文与语体文呈现出二水分流、双峰并立的景象，两者一旧一新，相济相生，使得三千年的文言血脉得以延续，文化的薪火不至于中断。

古典文学的杰作历经千古的汰芜存菁，已成文章之典范

民国时期的这种文白并存、相济相生的局面，与其说反映了当时民间社会朴素的文化坚守，不如说是一个民族体现在文化传承上的强大的"集体无意识"。

文言是中国文化的根。自甲骨文起，三千年间，凡中国历史、文化、文学、政治、军事、医卜、农业、算学等所有重要典籍均为文言。以清朝乾隆年间所辑的《四库全书》为例，见于《四库全书总目提要》的有 3503

种，合 79330 卷，又存目 6819 种，合 94034 卷，加起来是 10322 种，合 173364 卷，其中包括经、史、子、集四大类，而文言是打开这个宝藏的钥匙。身为中国人，不懂文言，很难真正了解自己的历史和文化，也很难做到"鉴古知今"。

语言是人类的家园。一千多年来，我们的前人留下了大量的文学经典，如《离骚》《哀江南赋》《陈情表》《出师表》《陋室铭》《兰亭集序》《桃花源记》《祭十二郎文》……这些用文言撰写的不朽之作像一条永不枯竭的河流，滋养了无数代的中国人；与此同时，也化为文化基因融入中华民族子孙的血脉里，形成中华民族特有的思维方式、审美方式和情感表达方式。

文言同样可以表现现代人的思想情感——且让我们读一读陈寅恪先生所撰的《海宁王国维先生墓志铭》中的一段：

> 先生之著述，或有时而不章。先生之学说，或有时而可商。惟此独立之精神，自由之思想，历千万祀，与天壤而同久，共三光而永光。

曾经有人说，文言难懂难学，不够大众化。但人类创造语言并不仅仅用于"你吃了吗"这样的低层次交流。与地球上别的动物相比，人类是一种具有高级精神活动的动物，需要有一座精神殿堂。而在这座殿堂里，需要用另一种更深沉、更庄严、更典雅、更具仪式感的语言来表达。文言文，以及用文言文所撰写的赋、表、记、铭、传、碑、祭文、对联等，便是这种需求的具体体现。

今天，我们生活在一个图像时代。语言和图像的最大区别在于：图像是平面的，它让我们直接面对所谓的实存，而语言的抽象性却提供了无限的想象空间。比之白话的直白和浅露，文言的高度凝练及其特有的含蓄、蕴藉，造成了无穷的"言外之意"和"韵外之致"，为读者提供了巨大的再创造的语言空间，其品读过程本身即想象力的展开与激活，有人称之为

■ "唤醒"。张中行先生在《文言和白话》一书中曾举例说：

> 如很多人都念过的《庄子·逍遥游》和《史记·滑稽列传》淳于髡论酒量那部分，前者述说大鹏高飞，是"怒而飞，其翼若垂天之云……水击三千里，抟扶摇而上者九万里；去以六月息者也。野马也，尘埃也，生物之以息相吹也。天之苍苍，其正色邪？其远而无所至极邪？其视下也，亦若是则已矣。"后者述说夜里纵酒的情况，是"日暮酒阑，合尊促坐，男女同席，履舄交错，杯盘狼藉，堂上烛灭，主人留髡而送客，罗襦襟解，微闻芗泽"。都是用语不多就写出一种不容易想到，更不容易描画的景象。就是这样，两三千年来，文言用它的无尽藏的表达手法的宝库，为无数能写的人表达了他们希望表达的一切，并且如苏轼所说："意之所到，则笔力曲折，无不尽意。"

因此，笔者不禁怀疑，今天中国人创造力、想象力的萎缩，是否在一定程度上与文言传统的断裂有关？

并且，文言所特有的节奏和音韵，即在表达上所造成的一唱三叹、回环婉转、起伏跌宕、抑扬顿挫等等，使它具有白话所无法比拟的语言张力。晚年在台湾的于右任先生曾写下《望故乡》一诗：

> 葬我于高山之上兮，望我大陆；大陆不可见兮，只有痛哭。
> 葬我于高山之上兮，望我故乡；故乡不可见兮，永不能忘。
> 天苍苍，野茫茫，山之上，国有殇。

放眼古今中外，抒发思乡之情的诗文千千万。笔者个人感受，唯有用古老的文言，才能唱出如此回肠荡气、触动中华民族子孙灵魂深处隐痛的绝唱。

孔子曰："不学诗，无以言。"又曰："言之无文，行而不远。"笔者同样怀疑：时下国人语言之浅白粗陋，整体文化教养之令人失望，是否也与文言传统的断裂有某种关系？

由于受陈水扁"台独"政策的影响，台湾于 2009 年修订了《高中国文课程标准》，将文言文的比例由此前的 65% 降至 55%，台湾文学家、诗人、翻译家余光中先生撰文对此提出严厉批评：

> 新文学之兴起，迄今不满百年，百分比却要超过数千年的古典文学，实在轻重倒置。古典文学的杰作历经千古的汰芜存菁，已成文章之典范，足以见证中文之美可以达到怎样的至高境界。让莘莘学子真正体会到如此的境界，认识什么才是精练，什么才是深沉，在比较之下看出，今天流行于各种媒体的文句，出于公众人物之口的谈吐，有多雅，有多俗，多简洁或多繁赘。文章通不通，只要看清顺的作品便可，但是美不美，却须以千古的典范为准则。

以文言为载体的启蒙，不仅是"识文断字"，而是"启"人文之"蒙"

对于一个国家、一个民族，乃至一个个体，启蒙教育的意义自不必论。与世界其他民族相比，中国启蒙教育有着悠久的传统，并有其鲜明的特色。据史书记载，秦汉魏晋南北朝时期已出现众多小学识字教材。并且，其教材内容、编写体例、语言方式等均已形成基本模式，以后各代及至晚清，前后长达两千年间，基本没有大的变化。这种惊人的"超稳定性"不能不说是中国传统教育的一大特征。

在语言形式上，历代识字教材多为韵文。如约于公元前 40 年成书的《急就篇》，是我国现存比较完整的最早的识字教材兼常识教材，西汉时史游编纂，主要把当时日常所用单字按姓氏、生理、兵器、飞禽、走兽、医药、人事等分类汇编，成为三言、四言、七言韵语，既便于记诵，又切合实用，并尽量避免重复字，同时尽量使每句都表达一定的意义，以使儿童在识字过程中多获得一些自然及社会常识。

后世研究者这样评价《急就篇》："我们在这里可以见到与当时人们生活有密切关系的草木鸟兽虫鱼的名目，可以了解当时人们对于人体生理、疾病和医药的知识。这里列举了种种农具和手工工具、各种谷物和菜蔬、各种质地和形式的日用品、各种色彩和花纹的丝织物，表现了这个铁器时代的人们与自然做斗争的规模。"

《急就篇》以这样的文句来结束："百姓承德，阴阳和平。风雨时节，莫不滋荣。灾蝗不起，五谷孰成。贤圣并进，博士先生。长乐无极老复丁。"今天我们诵读这些节奏铿锵、一气贯成的四言韵文，仍会感受到一种泱泱大国的雍容气度，以及统一的民族国家的自信自豪。

比较时下碎片化的小学语文教材，《急就篇》分明建构了一个小百科辞典式的知识谱系，一个关乎天地宇宙人间的大系统。而与此同时，也展示了一幅广阔的汉代社会图景。对于混沌初开的儿童来说，这种"启蒙"的价值已不仅仅是"识文断字"，而是"启"人文之"蒙"。

有意思的是，2010 年春一个偶然的机会，笔者在浙江温州一个名叫李山的偏僻山村里，发现一册名为《簿记适用》的乡村识字教材，其编写体例几乎与《急就篇》一模一样，同样是小百科辞典的范式，同样是四言、七言韵文，只是内容与当地的人文地理密切相关，故又称之为《李山书》。编写时间为 1918 年，距《急就篇》近两千年。编写者为当地一位小学校长。

可以说，《急就篇》奠定了中国启蒙教育阶段识字教材的基本范式。其后又过了 500 多年，即公元 535 至 545 年，梁武帝大同年间，周兴嗣所撰作的，以"天地玄黄，宇宙洪荒"为首句的《千字文》问世。《千字文》继承了《急就篇》的编写范例及韵文形式，并成为后世被使用最广泛的识字教材，且一字不改。在世界教育史上，恐怕很难找出同样的范例。

从内容上看，中国启蒙教育也很重视历史教育和经典教育。前者现存可查的为唐朝时盛行的《蒙求》。《蒙求》全文 596 条，计 2384 字，以历史典故为内容，四字一句，两句一联，如："匡衡凿壁，孙敬闭户……桓谭非谶，王商止讹……孙康映雪，车胤聚萤……西门投巫，何谦焚祠。"其中很多典故成为后世蒙学读物《三字经》《龙文鞭影》《幼学琼林》的取材来源。《龙文鞭影》正文 8200 字，收录了 2000 多个故事，内容包括我国古代各个历史时期著名的人物故事、历史故事、神话、寓言等，相当于一部生动有趣的简明中国通史。

经典教育则可上溯到汉代。据载，当时学童过了识字关后，接着便进入学习经书的阶段，所读内容为《诗》《书》《礼》《易》《春秋》，加上《论语》和《孝经》。主要方式为"诵读"，即只要求是对经书"粗知文义"或"略通大义"，不求深解。从唐宋以后，《论语》和《孝经》作为最常用的蒙学教材，一直沿用到 1949 年后私塾被取消。

值得深思的是，中国启蒙教育包括的三大部分内容：百科常识教育、历史教育和经典教育，正好对应着现代课程理论的三个范畴：知识、价值、思维方式，背后则隐含着以经学、史学、文学为核心的中国传统知识结构，并由此奠定传统中国人的宇宙观、历史观和伦理观的基础。陈寅恪先生在《吾国学术之现状及清华之职责》一文中指出："吾民族所承受文化之内容，为一种人文主义之教育。"

我们也许可以断言：正是这样一种以人文主义为基本特征的启蒙教育，维系了中华文化于不坠。而承载这种教育内容的语言形式便是文言文。在这个意义上，文言是中华文化之"源"，而五四新文化运动以来推广的白话只是其"流"。笔者不禁怀疑，当下中国基础教育语文课程改革，能否无视这样一个长达两千年的历史经验之存在，而仅仅依据最近百年乃至 60 年的"流"，来制定关乎民族未来的教育策略。

语文课程改革需要回到源头，重新认识本民族的历史文化传统

还是回到当下的母语教育。

自 1949 年以来，我们的中小学基础教育只设一门"语文课"。从小学到初中，一学期只有一册 100 多页的文选式课本，且还是以诞生不到百年的白话文为主。而到了高中，虽然文言文的比例有所增加，但零散地掺杂在白话文中，像一箩筐谷子里掺进一把芝麻，不伦不类。

令笔者意外的是，被尊为语文教育界泰斗的叶圣陶先生对此早有质疑。1943 年，叶圣陶先生在《谈语文教本——〈笔记文选读〉序》一文中曾指出："这种编辑方法并不是绝无可商榷之处。前一篇彭端淑的《为学》，后一篇朱自清的《背影》，前一篇孟子的《鱼我所欲也》，后一篇徐志摩的《我所知道的康桥》，无论就情趣上、文字上看，显得多么不调和。"他又说："不调和还没有什么，最讨厌的是读过一篇读下一篇，得准备另一副心思。心思时常转换，印入就难得深切。"也正是基于此，1948 年，叶圣陶、朱自清和吕叔湘三人合编了《开明文言读本》，试图进行文白并行的尝试。

长期的语文教学实践已经证明，这种明显"不调和"的编排方式，既不利于培养学生对文言特有的语感，也不利于学生形成对文言文这一文体的概貌认知，更无法体会文言文背后隐含的文史哲贯通的中国传统知识结构。相反，由于中学文言教学一直过于注重语法，特别是"之乎者也"之类的虚词用法，还有"意动""使动"用法等等，严重伤害了学生学习文言的兴趣，结果白话、文言都没有学好，可谓两败俱伤。

更何况，如此单一的课程结构和单薄的课程内容，相比于中国有文字记载的煌煌三千年历史文化，是何等不相匹配，客观上也剥夺了下一代接受系统的中国经典文化教育的可能性，更由此造成半个多世纪以来文化传承上的严重断层。

教育是一个民族历史文化的产物。母语课程结构和课程内容背后联结着一个民族的历史文化传统。由于中国现代教育移植于西方，故不可避免地决定了母语课程范式照搬西方，而这种范式是与本民族的历史文化传统相分离的。事实上，即使在西方，母语课程也是丰富多样的。例如，美国中学通常设置"语言""拼写""文学"三门课程，并分别配备单独的教材。"语言"主要讲解语法知识，"拼写"侧重单词拼写练习，"文学"介绍各种题材的文学作品，包括大量的英语文学经典作品。

鉴于此，中国语文教育课程改革需要回到源头，重新认识本民族的历史文化传统。在此基础上，重建中国基础教育母语课程结构和课程内容。而不是像以往那样，在教材选文和单元体例上改来改去，争论不休。究其实，无论是多选一篇金庸，或是少选一篇鲁迅；无论是文体单元，还是主题单元，充其量均是"末"，而不是"本"。

笔者以为，这是当下中国语文课程改革面临的无法回避的历史性课题，并且从某个意义上来说，也是新世纪中华文化重建工程的起始。而完成这样一个课题，需要打破体制的藩篱，吸引当今思想界、文化界、教育界一流人才的参与，正如民国时期第一流的文化精英投身教育变革一样，而不只是由教育部召集并指定某个"专家小组"来承担。

九层之台，起于垒土；千里之行，始于足下。我们不妨先提出这样的设想：

我们能不能基于自孔夫子始、至民国止的中国教育传统，重新建构一个具有文化感和历史感的母语课程？

我们可不可以将小学语文教育定位于初步建立中国文化知识谱系，建构中国文化的人文图景？

另外，在教学方法上，我们可否抛开造句、组近义词、反义词的纯属语言末技的练习，代之以传统的对对子的练习？

我们可不可以摒弃对字词句及篇章结构的繁琐分析，放孩子们到阅览室去自由阅读，围绕一本书开展讨论，学习写读书报告？

…………

一言以蔽之，我们是否可以设想基础教育母语课程实行文言、白话分科，各自编有独立的教材，分别设置不同的课程目标？比如，文言文的课程目标为：将中国传统文化经典以完整的、连续的系统纳入课程内容，从小学到高中，形成一以贯之的课程序列，奠定"文化中国人"的根基。白话文的课程目标为：吸纳现代价值，培养具有批判性思维能力的、能够与世界对话的现代公民。两者既各自独立又相互融通，彼此相济相生，并行不悖。同时，改革高考制度和考试内容，适当增加文言文的比重。

　　"今夜方知春气暖，虫声新透绿窗纱。"中国的传统是学在民间。令人欣喜的是，近几年，越来越多的学校开始意识到传统启蒙教育的价值所在，在完成国家课程教学之余，纷纷选用"三百千千"或《弟子规》《笠翁对韵》等传统蒙学读物给学生诵读。有的学校还自编文言短文作为校本教材，鼓励学生学写短小的文言文，练习对对子等。更有个别学校干脆以整本的典籍为教材，如内蒙古一所乡村小学用《汉书》《史记》做小学高年级语文辅助教材，学生人手一套，教师则引导学生先从传统的断句开始。笔者以为，这是重新接续断裂的文言血脉的积极尝试，也是中国语文课程改革走出困境的希望所在。对此，我们有理由报以乐观的期待。

王丽/文

2013 年 5 月 15 日

PART TWO

第二辑

师 道

孤独的教育者

　　一场简单的追思会在北京郊外的大觉寺举行。青瓦红窗的会场外，立着逝者的遗像。那是个留着平头的中年人，手指间夹着一根点燃的香烟，眼睛微微眯着望向镜头。照片下的 3 句话讲完了他的一生：

　　　　马小平老师，1956 年出生于湖南湘潭，2012 年在深圳辞世。历任湘潭一中、东莞中学、深圳中学的语文老师。他是一位值得我们尊敬并铭记的好老师。

　　时间是 2012 年 9 月 8 日，教师节前两天。

　　在这位普通高中老师的追思会上，人们意外地发现了一些在教育领域极有影响力的学者。北京大学中文系退休教授钱理群称马小平是所识教师中"最具全球视野，可称得上是教育家的人"。北京理工大学教育研究院教授杨东平则将他视作"布道者""已属稀有的人文主义教师"。

　　这位 56 岁就因脑部恶性淋巴瘤去世的教师，曾发觉许多年轻人"有技术却没良知"，简直患上了"人类文明缺乏症、人文素质缺乏症、公民素养缺乏症"。他很少讲教材，却把梁漱溟、哈维尔、王小波带进课堂；他梦想着"办一所幸福的学校"。

　　但马小平终究没有成功。如今在美国读大学的李舒扬，两年前曾是他的学生。李还记得，期中家长会上，已患癌症的马老师特意为每位家长准备了一封信，请他们不必过分在意考试，更要注重"学习的自信"。

　　可没什么人在意这封信。马小平开始时兴致勃勃地念着，很快连声音都虚弱下来。会后，20多名家长把这位老师围住，质问他为什么不教课本的内容。马小平"显得很疲惫，甚至有些束手无策"。最终，他回到办公室，趴在桌上哭了起来。

那是他执教生涯的最后一个学期。

追思会上，同事、学生们回忆了许多往事。来自湖北的基层教师马一舜坐在台下，拼命地压抑自己，但后来还是哭了。"恐怕只有我们这类在糟糕的应试教育环境中顽强寻找有意义的教育，能惺惺相惜、同病相怜的人才可能这样哭。我不仅是为马小平老师哭，也是为自己哭。"

有这感觉的并不止他一人。除马一舜外，追思会还邀请了几位来自全国各地的基层教师。多年来，他们都像马小平一样，在自己小小的课堂里抵抗应试模式，坚持人文教育。

对于长年关注中学教育的钱理群来说，他理解这些泪水。这位满头白发的老人走上发言席，注视着面前的教师们，仿佛也望着远远的马小平。"孤独是你的宿命。"他说。

不要低估一个普通中学教师的生命力量所能达到的高度和潜能

事实上，在1月份马小平病逝之前，许多教师和学者从未听说过这个名字。企业家王瑛在报纸上看到了一篇有关马小平的报道，为这位素未谋面的教师"大哭了一场"，并想为他做些什么。

2012年9月，马小平在病床上编著的《人文素养读本》（后更名为《叩响命运的门》），终于得以出版。王瑛以此为契机，为他举办了追思会。如今，那本近600页的厚书摆放在追思会的讲台上，成为这间朴素的会场里唯一的装饰。

钱理群为这本遗著写了序。他在开头就写道："我曾说，'不要看轻中学教师的意义和价值，更不要低估一个普通中学教师的生命力量所能达到的高度和潜能'。我说这句话时，心里想着的，就是马小平老师。"

马小平并不被这世界上的大多数人所知，但在东莞中学和深圳中学，他却绝对是个"明星"。深圳中学初中部的一个孩子，曾偷偷跑去高中部听他开设的通识课。马小平总是提前几分钟到教室，偶尔某次迟到了，就会有学生焦虑起来："难道今天不上语文课了？"

东莞中学的学生黄素珍还记得第一次见到马小平的情景。在面向全年级的电视语文讲座里，马小平向学生们发问："你们知道东莞的工厂里一年被机器切下来的手指可以排成多长吗？"

很多在父母保护下成长的孩子，第一次从老师那里学到"要感受他人的痛苦"，但马小平更希望学生们感受到爱。那次讲座临近尾声时，他念了香港一所中学的校训："感觉着生命的悲哀，还愿意欢笑的，请受我深深的祝福；感觉着生命的卑微，还予以人尊严的，请受我深深的祝福……"

"他脸上的表情很沉静。"黄素珍正在北京大学哲学系读博，她坐在校园里覆满青藤的长廊里回忆着，"但他的声音能抓住你，吸引你去听。我被深深地打动了"。

那时，马小平还没有生病，是个总熬夜、爱抽烟的工作狂。每个曾经踏进他小小书房的人都感叹，那里除了门和窗，7000 多册书堆满了三面墙。他相信，只要用高三一年来应付考试就足够了。给高一、高二学生上课时，他很少使用教材，甚至不怎么看讲稿。他不在书上为学生画"知识点"，更不总结中心思想。

他是学者型老师，以惊人的速度读书、看电影。当人们想起他时，脑海中总会浮现出一个斜挎着大包、快步走在路上的身影。但如果碰到熟悉的老师或同学，他一定停下来，抬起一条腿，将挎包搁在上面，然后从包里翻出书和影碟送给对方。

"就是那种布道者的形象。"有同事回忆。

他反对仇恨，提倡爱和悲悯。"9·11"事件发生后，学生们都兴奋起来："炸得好！"可马小平却显出了愤怒，他站在讲台上质问学生："你们知不知道，死的那些都是人！"

讲授课本时，他也有不同于教辅材料的解读。许多学生都记得他讲的

《孔乙己》。他始终关注着在一旁冷冷讲述故事的、年仅12岁的小伙计。按照常规解读，小伙计贯穿文章始终，"既是旁观者，又是参与者，以喜写悲，使悲更悲"。

但谈起那个孩子时，马老师却在讲台上深深叹了口气，"他还只是个孩子，可看待社会的视角却与成人没什么不同。失去了天性的悲悯，真是悲哀"。

讲到鲁迅的《祝福》时，他也没有给课文贴上那张"封建礼教吃人本质"的标签，反倒是让学生们写篇《与祥林嫂对话》的作文。"站在她的角度，你会怎样体验这个女人的悲哀？"马小平曾在教案里写道，自己希望学生理解她的痛苦，也尊重她的痛苦。

他在学生的一篇作文里获得了回答："真的，当你从这样的课堂里体会到爱，感觉到爱，你就懂得了要尊重人、爱护人。你就会发誓，从此以后再也不会去伤害任何人。"

因为有了你这样的学生，我才觉得这种坚持是必要的

追思会上，黄素珍悄悄地坐在后排。她是个身材小巧、戴着眼镜的姑娘，也是让马小平最感骄傲的学生之一。尽管她其实并不曾在马老师的班里上过课。

电视讲座过后一年，黄素珍进入高二。马小平又到各班轮流进行研究性学习的讲座。下课后，黄素珍暗暗下了决心："我一定要认识你，让你知道这个班里有我这样一个学生。"

她只能写信，两封长信。信里写了对苏轼的思考和"少年的一些困惑"。随后，这个总是细声细语的女孩子用塑料袋将信裹起来，放在了马老师那辆早已过时的女式摩托车的后座上。

十九天后，她被同学叫进语文组。马小平将自己的回信，郑重地交在她手里。他在信里剖白自己："我上课时，只是坦诚地向你们倾诉我的思

想，但是我知道，能够理解我的人不多……我没有把自己打扮成一个精神斗士的想法，我是一个实实在在的平凡人，但因为有了你这样的学生，我才觉得这种坚持是必要的。"

这个安静、内向、刚刚从乡镇初中考入东莞中学的女学生突然发现，在学生们看来很强大的老师，其实心里藏着一种孤独。

这并非仅是黄素珍的发现。2002年时，张庆威是东莞中学初中部的学生，那时他开始读村上春树的《且听风吟》和李敖的《快意恩仇录》，有时也在学校论坛上发表些小感悟和小感想。一天，他在家突然接到了当时兼任教导处副主任的马小平的电话。

"我犯了什么错误？怎么有当官的老师找我？"张庆威记得自己当时满心警惕。

可电话那端的马老师开口却表扬道："你的文章写得太好了！我想跟你见一面！"

当他们在办公室见面后，这位老师几乎顾不上和陌生的学生客套一番。他先是夸奖了张庆威关于刘邦、项羽的一篇文章，向他指出一些细节可以更完善；随后又引入历史，双手比划着，滔滔不绝地讲起来。

15岁的男孩有些傻眼，怔怔地看着眼前表情认真、中气十足的老师。马小平每讲完一个"大话题"时，总会抽几口烟，皱着眉头，陷入一种无能为力似的沉默。但张庆威无法打破这种沉默，因为他几乎答不上话来。

整个下午的"谈话"结束后，张庆威走出教学楼，晒在太阳下，突然深吸了一口气，脑子里蹦出一句海子的诗："日光其实很强，一种万物生长的鞭子和血！"

"我想马上读书。"他回忆。在听马小平聊天的日子里，他密集地读到了罗素和爱因斯坦，读到了张中晓和穆旦，读到了王小波和林达，读到了林贤治和王开岭，读到了《火与冰》和《不死的火焰》。总之，"他讲过的那些书，我都要找来读一遍"。

对年轻的张庆威来说，"再也没有遇到过那样担当启蒙者角色的老师了"。可回忆过往，他也发现，那时的自己与老师其实是在"互相陪伴"。

学生王翔是个少年诗人。他敏感地觉察到，马小平在与学生交流时并非刻意营造一种平等的氛围，"他就是想聊聊，想找个人把话说出来。他在寻找一个精神上的同道"。

在外人看来，许多同代人无法跟上这位老师的脚步。他总是认为，一些教育正在变成吞噬学生天真和童趣的怪兽，课堂里常常弥漫着空虚和无意义的气氛，经济的高速发展和社会对竞争的膜拜，都可能造成教育危机和道德危机。

他引述英国学者汤因比的理论："赶在灾难尚未毁灭人类以前，把能够应对这种灾难的新一代人培养出来。"他还常常引用另一位教育家的话："我们留什么样的世界给后代，关键取决于我们留什么样的后代给世界。"

他曾经向王翔抱怨，自己周围充斥着大量平庸的、没有创造性的语言。"他虽有那样的气质和追求，但升学压力和评估体系又困扰着他。"王翔说，"那时，我感到他就像个困兽。"

从这本书里、那些文章里，就知道他想传递什么，在追寻怎样的教育

追思会开始前，王翔从上海赶到北京。他正在上海大学读博。会上，这个穿着格子衬衫的年轻人这样描述自己的老师："他的心里住着一个少年，这个少年希望创造一个更美好的世界。他跟这个复杂又圆滑的成人世界格格不入，这实际上是他最内在的困惑。"

作为马小平最喜欢的学生之一，王翔在高一时出版了一本诗文集。出版前，本不认识钱理群的王翔写信给这位名教授，请他写序。他同时也请了马小平写序。钱理群与马小平因这个少年得以结识。

但诗文集出版后没多久，因为"想象力在中学会被压抑"，王翔选择退学。他首先告诉马小平这一决定。老师惊讶极了，试图劝阻学生："再等一个星期，等校长回来。"可王翔还是决定尽早离开。

此后，尽管王翔常常能感受到马小平担忧的、欲言又止的复杂感觉，但老师并没有开口劝他返回学校。

这个年轻人当时想通过自考进入北京大学，便在北大蔚秀园的河塘边租了一间简陋又潮湿的平房。马小平与王翔的一位女同学一起去那间平房看他。一根挂满袜子的铁丝横在床的上方，王翔躺在袜子下面，女同学坐在床边，而马小平就坐在屋里唯一的一把椅子上。

那似乎是一次很轻松的聚会。他们聊着聊着，一只袜子突然从铁丝上掉到女孩子的脸上，大家还哈哈大笑起来。

回到东莞，马小平告诉身边的人："王翔在北京过得并不好。"说完，他流泪了。

或许正因为这些经历，当马小平在信中读到黄素珍希望成为一名教师时，他在回信里写道："生活毕竟不是关在窗子里漫谈理想，我们不可能绕过今天的教育现状，生活到明天去。……你还得从最现实的事情做起，那就是，你一定要考上一所好的大学，然后，攻读硕士、博士学位，最后成为一位教育的专家。这绝不是用一种世俗的标准来要求你，而是为了实现你的理想。"

但他还是无法做到仅仅为了让学生获得高分而将字、词、文章肢解。2004年，他因恶性肿瘤住院手术，接受放疗和化疗。但这段病床时光，却让他第一次有了这么完整的时间，来开发自己心仪的人文素养课程。

他带着电脑和扫描仪，收集了几千篇文章，然后从中选出包括爱因斯坦的《论教育》、龙应台的《政治人的人文素养》、雷颐的《警惕"真理"》、林达的《罗伯特议事规则》与王开岭的《精神明亮的人》等在内的102篇，编选成《人文素养读本》。

湖北仙桃中学语文教师梁卫星从来没见过马小平，直到参加完追思会，他才开始认认真真地读那本厚书。他几乎立即就被感染了，"只是看这本书，我就觉得他了不起。从那些文章里，我就知道他想传递什么，想追寻怎样的教育"。

病发前，马小平已经从东莞中学调入深圳中学。肿瘤夺去了他的头发、体力和眼睛里的明亮。但接受治疗后，他除了每周上几节普通语文课外，还提出要在深圳中学开设人文素养通识课。

最开始，通识课教室被120多个学生塞得满满的。然而人数随后便直线下滑，近三分之一的学生不再出现。一位老师曾回忆，每当讲课时听见教室门口响起脚步声，马小平总会不自觉地将目光瞟向门口，希望有人推门走进这个教室。可等待他的往往是失望，脚步声从门口响起，又远去。

没有学生进来。

既然可以站着讲课，何必跪着

这并不是马小平独有的痛苦。在9月8日那天夜里，基层的老师们在钱理群入住的宾馆房间里聚会。面对现今的教育环境，他们都感到无力改变。

就在2012年年初，陕西师范大学附属中学主管教学的副校长接到了几位家长的投诉，他们认为孩子的语文老师杨林柯"教育方式不恰当，上课时经常离题，讨论与教学无关的社会热点话题"，他们担心再这样下去"会对孩子的学习造成负面影响"。

在追思会后谈起这些时，杨林柯显得有些沮丧。在他看来，他只是"不想违背本性，走出并对抗了自己曾接受过的教育"，他希望，"让娃都能够自由地思考"。

"语文是最不能急功近利的学科啊。"这位戴眼镜的老师说。他手里还提着行李，会议结束后就要立刻赶回西安。

而同样爱在课堂上讲授课外内容的梁卫星常说这样的一句话："既然可以站着讲课，何必跪着？"但在他所在的高中，学生们要从每天早晨6:40的早读学到晚10:00课程结束，一周里只有星期日下午没课。即便在这样的高压环境里，梁卫星还是反复向学生们强调，"甭管什么经典名文，一定要敢于质疑"，并且"抓住一切机会讲课外的东西"。

许多年来，梁卫星与校领导一直互相视为"隐形人"。除了同一办公室的3位老师外，他很少与其他同事打交道。他拒绝参加学校的集体活动，也理所当然地从未参加过"评先、评优"。

今年42岁的梁卫星并不把自己看作一个理想主义者。他甚至反复强调："我的理想是做一个游手好闲的人，教师只是我的一碗饭。但端起这碗饭，就得对得起它。"

那天夜里的聚会，让教师们感到许多学校的情况都差不多。围在钱理群身边讨论这些时，大家觉得无能为力，最终以唉声叹气作为结束。但他们又感到，这样的聚会至少让他们不再"只有精神上的孤独"。

追思会第二天，钱理群讲起了自己的故事。2004年，退休不久的他决定回到自己的母校——南京师范大学附属中学开设讲授鲁迅作品的选修课。他字斟句酌地撰写教案，还提前4天来到南京准备。刚开始，课堂挤进了100多人，可是最终坚持下来的，只有20多个人。

一个全程坚持下来的学生给这位老教授写了封信："我知道您很失望，但您要了解我们的处境。今年读高二，我可以坚持下来；明年读高三，我可能就没法再来了。"

在大觉寺再谈起这段经历时，钱理群并没有显出任何的沮丧。他反而露出了愉快的笑容："其实能有20多人听进去，就已经算很大的成功了，帮一个算一个。"

如果学生深信你今天讲的话不是在重复昨天，那么阅读就会成为学生的精神需要

除去身体力行地一个一个"帮人"外，马小平还有更大的梦想。他想办一所让学生和老师都感到幸福的学校。

早在他大学里读苏霍姆林斯基的著作时，这个念头就已经扎下根来。那位著名的苏联教育家从29岁起，便担任了家乡一所农村完全中学——

帕夫雷什学校的校长。在最初的时间里，他只是观察每天发生的教育事实和教育现象。他发现，学生在学习过程中感受不到学习的乐趣，一个学生甚至对妈妈说："让我们搬到一个没有学校的地方去吧！"

问题究竟出在哪里？年轻的校长开始着手寻找。他最终发现，孩子们的阅读能力制约了他们理解课本、言语表达和深入思考。

马小平开始思考，学生的阅读能力又该如何提高？在一篇文章里，他提出："如果学生感到你的思想在不断地丰富着，如果学生深信你今天讲的话不是在重复昨天，那么阅读就会成为学生的精神需要。"

似乎过去长达 20 年的时间里，他的心灵和知识就一直在为办这样一所理想中的学校而准备着。2003 年，一所筹办中的学校找到了他，希望他做出全盘架构，并在未来担任校长。

那算得上马小平最快乐的一段日子。他整日沉浸在对新学校的畅想中，仅"发展构想"就写了整整 19 页。他编写了《教师手册》，甚至想好了厨房的陈设。

那时他还不知道，反对的声音已经出现了。有些同行评价他："太理想主义了，只适合出点子、指路径，做具体工作是没耐心的。"

这些反对的声音并非全无道理。一位同事曾感到，马小平对形式化、机械化的东西特别痛恨。在学校行政会上听见这类话语，他会当场反驳。在担任东莞中学教导处副主任后，他也不止一次地说起，自己并不想做行政，"都是消磨时间，一地鸡毛"。

有一次，一位北京来的文化名人在东莞中学举办的讲座上讲起，他此前认为东莞是片文化沙漠，可这些天在东莞的见闻使他完全改变了这一看法，还打算把这个结论告诉相关官员。据同事回忆，马小平在台下一听急了，会后要立刻去找对方，告诉人家眼见未必为实。"这简直有堂吉诃德之风。"同事评价。

后来，当人们提起马小平身上的理想主义时承认："这种气质对身边的人会形成一种压力。"

当然，许多学生甚至是同事也被这种气质所吸引，成为他的追随者。

现实中，他虽然仅以高三一年应对考试，但班上学生的成绩仍然不错。可他所做的语文教学改革却被另一些人看成"花架子"。他最终没能成为"帕夫雷什学校"的校长。2004年，他离开东莞，前往深圳。

到深圳后不久，马小平便被诊断出患有恶性肿瘤。他的头发掉了许多，只能一直戴着顶白色的贝雷帽。他走路也越来越慢。

但他还是没有放弃语文课。他的最后一届学生向婧记得，马老师仍旧坚持站在讲台上授课，只有在为学生们播放电影时，才会坐一阵。可有时他坐着坐着，头便垂在胸前睡着了。另一个班的学生蒋雨蒙则提起，一次语文课之前，马老师累得在办公室里睡着了，大家都不忍心叫醒他。但没过多久，马老师还是出现在教室里。他摘下帽子，面向学生们深深鞠了一躬："对不起，我迟到了。"

不过，当时坐在最后一排的蒋雨蒙也发现，并非所有学生都认同马老师的教学方式。一些学生拿出数理练习册，紧张地做着习题。还有人干脆把《名侦探柯南》摊到桌子上看。

马小平看到后并没有什么特别的表情。他只是说："柯南是个小孩吧？嗯，是个小孩，很聪明的，好像是由大人变成的。"然后，就继续讲课了。

在得知老师患了癌症后，东莞中学的毕业生胡庆乐特意给他发了一封邮件，询问病情。马小平的回信里没有文字，只有一张图片——朝阳正在灿烂升起。

2009年，胡庆乐曾专程去深圳探望过自己的老师。他发现，眼前的人"已经不是6年前那个言语飞扬的人了"。他戴着花镜，脚步缓慢地在书房里走来走去，想多给学生找些书和影碟，还不断地问他："要不要多带点回去送给其他什么人？"

分别时正是黄昏，马小平将学生一直送到小区单元的铁门外。橘色的路灯照下来，虚弱的病人扶着铁门，望着学生离去。学生远远回头，"那一刻我突然感到，他的时代已经过去了。我们还在向前走，可他却只能停留在原地，慢慢地衰老下去"。

如今回忆起那一幕时，电话那边的胡庆乐陷入了长长的沉默。

他离开后不久，马小平癌症复发。受脑部肿瘤影响，他的记忆力变得越来越差。学生们曾看到，老师在校园里 3 栋大楼之间的空地上四下张望，脸上带着焦急又沮丧的表情。从办公楼到教学楼的这条路，他曾走过千百次。

而那一天，他迷路了。

赵涵漠　陈卓／文

2012 年 10 月 10 日

师 说

22 岁的李赛是北京四中的毕业生，现在在美国新泽西上学。汶川大地震发生后，他带着两大箱连夜筹得的物资，自费从新泽西飞到灾区，加入一支志愿者救援队，与同伴先后救出 7 位幸存者。

回京后，母校请他给学弟、学妹们讲讲在灾区的经历和感受。

那天，四中大礼堂坐满了听众，身高 1.88 米、脸晒得黝黑的李赛一边播放照片一边讲述。他讲了那条曾躺着 300 多具遇难者遗体的幸福大街；讲了那个有洁癖的伙伴的胳膊上流过的婴儿脑浆；讲了那位百万家当瞬间灰飞烟灭的男人那像干裂黄土地一样僵硬的脸；讲自己由于白天的暴晒而夜里不断脱皮的后背；讲"六一"时他们搞的一台小小联欢会，引来久违的歌声和笑语……

"从未如此靠近死亡，从未如此靠近真情，从未如此靠近责任。"在两个小时的演讲中，李赛的表情十分平静，声音十分低缓。但到最后，谈到为什么一定要从美国飞回来时，他提及了自己在四中时的语文老师——李家声。这时的李赛有些激动，他站了起来，语调也高了。

上个月，北京四中召开了李家声教育思想研讨会，他教过的学生在私底下悄悄录了一段视频，在研讨会上播放。

视频里，这些大学生或坐在清华的草地上，或站在未名湖畔，声情并茂地回忆上高中语文课时的快乐时光，用诗一样的语言，描述深藏心底的感动。

时下，许多老师被学生直呼其名或干脆冠以外号，而李家声的学生们却口口声声尊称他为"李先生"。甚至有人把自己的语文课堂笔记，作为高中生活的回忆而久久珍藏。

一位平凡的中学语文教师，何以赢得学生们不平凡的尊敬和爱戴？

人在精神文化上也是如此，你吃进什么，就将成为什么

李家声出生在北京皇城根下一个读书人家，初中就是在北京四中念的，"文革"期间去东北插过队。8 年里他种过地，挖过煤，当过卡车司机。高考恢复后，他考取了大学中文系，获得了古典文学硕士学位。毕业后，李家声先在本溪师范教书，1993 年，重回北京四中，成了一名高中语文教师。

"世上最危险的职业有两个，一个是教师，一个是医生。从某种程度上说，教师比医生还危险，庸医害的是一个人，而庸师害的是一群人，毁的是孩子的精神和心灵。"这是李家声经常挂在嘴边的话。

2001 年，李家声在一次全国性作文大赛中当评委，其时正赶上美国"9·11"事件发生不久，许多学生的作文都涉及这个话题。令李家声惊讶的是，在他批阅的作文里，个别学生写到"9·11"时，甚至掩饰不住兴奋之情。

"恐怖分子是重创了美国，打击了霸权主义吗？"他大声地质问学生，"他们杀害的是几千条无辜平民的生命啊！这是反人类罪！"

有一回，他带着四中高一人文实验班去杭州参观岳飞庙。看到跪在地上的秦桧像时，有许多学生跑上前，依照其他游人的样子拿鞭子抽打秦桧。晚上回到驻地开会时，李家声问学生："难道我们非要鞭打他吗？我们要记住的是历史，而不是仇恨。"

前一阵，有一件事让李家声很受刺激。北京宣武区有 4 个少年，就为了找点儿"活儿"干，寻找刺激，竟将一位避雨的中年妇女摧残至死。"看看现在的互联网上，仇恨的情绪泛滥，太可怕了，我有时都不敢看下去。是不是我们的教育出了问题？"李家声认为，人在精神文化上也是如

此，你吃进什么，就将成为什么。

"我们一直在讲，教育是要培养人才。我说别那么高调了，少出坏人，不出坏人，培养出平和诚实的劳动者，就是成功的教育了。育人，就是育好人，把可能成为坏人的人，变成好人。"

他认为，人就是情感动物，好起来会把自己的器官、鲜血甚至生命都献出来；但要是坏起来，可以说无恶不作，给社会、给人类带来的只有灾难。善，就是爱并促进生命，爱的情感是建设性的，只有情感美好了，才能成为一个好人；恶，就是践踏和漠视生命，恨是不良的情感，极具破坏力。善良收获善良，仇恨只能换来仇恨。

"你知道吗，'9·11'时，我也是欢呼的人之一。"李赛后来跟我说。上四中以前，他是个典型的理科学生，一天到晚就知道做题。考四中时，李赛的数理化只丢了一分。他说自己不喜欢语文课，不会思考。

"到了四中以后，上了李家声先生的语文课，我变了一个人。是先生改变了我的人生，教我如何做人。从此，我做任何事情，都会把对人、对生命的尊重放在首位，不盲从，学会独立思考。"

李赛一点一滴的转变，李家声从他写的作文里看到了。学生的作文，老师往往是唯一的读者。李家声的体会是，用真心、动情地去读孩子们的作文，评说他们的作文，这样，学生就会把老师当成知己，师生可以通过作文进行心灵沟通。

在语文教师办公室里，李家声笑呵呵地跟我说："心眼儿好比什么都重要。我的学生都很正直善良。"

班上有个学生，有一天坐地铁时，碰上一个小乞丐跟他要钱。学生一摸口袋，里边只有一张大票，他犹豫着：给还是不给呢？想了一阵儿，还是决定给。他把大票递给孩子，小乞丐一看这么多钱，很惊讶，马上跪下又叩头，又喊谢。见状，学生赶紧扶起小孩，一个要谢，一个不用谢，两人推拉了半天。下车出了地铁站，学生一掏兜，手机没了。原来，在刚才的拉扯中，小乞丐把他的手机偷走了。

学生相当沮丧，精神几乎崩溃。回到家，他把这事跟妈妈讲了。没想到妈妈却说："孩子，你做得对！人就是做好事，有时也会遇到挫折。下次，咱还给，手机丢了，妈再给你买。"

学生把这事写到了作文里，李家声给的批语是："大善！"

在追求美好上，一个人不进则退，堕落就是在不知不觉中开始的

李赛印象最深的高中语文课是李家声讲的《离骚》。"感觉讲台上的先生好像被屈原附体一样，散发出一种人性的光芒，心里说不出的感动。"

《离骚》是李家声最喜欢的古诗之一，他不知读过多少遍，对好多诗句体悟深刻。因为屈原《涉江》中有"登昆仑兮食玉英，与天地兮比寿，与日月兮齐光"之句，有年暑假，他冒着高原反应之苦，特地到了青海格尔木，去直面巍峨雄浑、白雪覆盖的昆仑山，感受诗中的意境。

从高中开始，李家声就不断地向学生提及有关屈原的话题。他不喜欢一进教室就让学生起立，然后"老师好、同学好"再坐下。通常，李家声进了教室就直奔黑板，唰唰唰地写板书。运笔、顿笔后，黑板上出现了几行苍劲有力的大字，那是哲人的一段名言名句。教室里顿时变得安静起来，学生瞅着黑板开始思考。这时，李家声点评几句，说说自己的理解，就如同在池塘里扔下几块小石子，在学生心中泛起阵阵涟漪。

"你们想不想知道，屈原在你们这个年纪时都在做些什么？想些什么？"李家声问学生。

"想知道！"下面众口一词。

他一转身，在黑板上默写道："深固难徙，廓其无求兮。苏世独立，横而不流兮。闭心自慎，终不失过兮。秉德无私，参天地兮。"

"这就是屈原在20多岁时写下的《橘颂》，那时候的屈原就表达出了要清醒地活在这个世界上，既有才华又不放纵，苏世独立、横而不流的人生追求。"

李家声还告诉他的学生，屈原到后来相当于做了教育部长，培育了很

多人才。可是，在当时楚国的大环境下，他的学生变坏了，这对屈原的打击太大了，他最后投汨罗江的原因是多方面的。所以，屈原当时悲伤地说道："何昔日之芳草兮，今直为此萧艾也；岂其有他故兮，莫好修之害也。"

写完这两句话，李家声又跟学生大声地解读道："过去那些芳香的草啊，现在都变成了恶草。难道有什么缘故吗？是他们不追求美好的缘故啊！一个人，要终生追求美好，在追求美好上，一个人不进则退，堕落就是在不知不觉中开始的……"

李赛回忆着："先生朗读《离骚》，时而激扬、时而悲愤。他给我们描述屈原与江边老人的对话时，我们感觉屈原就在这里，就站在教室里。"

"像我们这些十七八岁的高中生，正处于追星的年龄，很容易被外貌、服饰等表面的美所吸引。但是那会儿，我把屈原的画像搁在相框里。我被屈原那种灵魂的美、精神的美所深深吸引。"李赛说。

"情真有屈原。"这是李家声讲《离骚》时定下的基调。在他动情、传神的讲述中，一个高高瘦瘦，穿着长衫，临着风，目光傲然，在江边向前走着的屈原形象，活生生地出现在了学生眼前，并永远烙印在了这些年轻学子的心底。

从灾区回来，李赛到教师办公室去看李家声，师生俩又聊到了《离骚》。李赛告诉李家声，虽然只上了两节课，但课后他不知花了多少时间读《离骚》，三百多句，现在差不多都能背下来了。

靠浮躁得来的东西骗不了学生，肤浅的东西绝对感染不了人

"遇到了他，我们才知道，原来古诗词是可以唱的啊！"学生们啧啧称赞。

吟唱着讲古诗词，是李家声语文课的一大特色。他只要一站到讲台上，就像演员进入角色一样全情投入，吟唱时的声音和表情让听者难忘。

李赛这样描述李家声的吟唱："第一次见到他，唯一的印象是他的表情

很沉静，声音很平和。谁能想到这个含蓄的老师会在课堂上放歌呢？慢慢地，我们发现他的声音听起来很舒服，平和中有顿挫，平和中有深情。一首首古诗、一个个名句被他方正地写在黑板上，又被脉脉地吟出来，教室里一下充满了温润的空气。"

现在有些语文老师，喜欢网上备课。互联网上哪节课的教案都有。这里一点，那里一点，大拼盘，内容也相当丰富。"但是，靠浮躁得来的东西骗不了学生，肤浅的东西绝对感染不了人。"李家声成功的经验是，除了潜心研读、体悟内容外，再用真情实感吟唱着讲古诗词，效果会更好。

"古诗词本来就是要唱的，像宋词，一个词牌就是一首曲子名，不唱是体验不出那种情感的。我想让学生知道古时候的人是怎样唱的，这样他们才能更好地领悟其中的神韵。"李家声解释道。

李赛不止一次听过李家声唱岳飞的《满江红》。"每次唱，他都会哭。先生是经历过国家动乱的人，对国家命运的那种深深关切，让他有感而发地哭，这令我们非常震撼。"

古音古韵被李家声略带沧桑的男中音表达得余韵悠长，一茬茬的学生成了他忘年的知音。

有一次，一个毕业生回四中为后辈们讲学习方法，讲着讲着，他突然问了一句："你们哪个班是李家声老师教啊？"坐在下边的一群学生听了，几乎跳起来欢呼："我们，是我们！"这位学长感慨道："他爱中国的语言文化，胜于自己的生命。"

一位后来考上北大的女孩，用生动细腻的文笔再现出语文课上李家声吟唱《满江红》时师生间情感交融的一幕："开始时，我望着他，他微蹙着眉头，凝视着前方，几根发丝微微颤动着。但很快，我低下头，不敢再抬起来，因为我知道，自己的双颊已经红得发烫，眼中的泪水已经涨到收不回的程度。

"唱到'待从头，收拾旧山河，朝天阙'时，先生已满眼是泪，我们也满眼是泪。歌罢，教室里立刻响起雷鸣般的掌声。我们把手拍红了，却都不愿意停下来。就这样，掌声一浪接一浪地响了不知多长时间。"

在他不断的吟唱中，学生们也渐渐发现，古诗词被唱出来时，变得那么鲜活动人，才真正有了生命。陆游的《卜算子·咏梅》是李家声特别偏爱的。唱这一首时，他起调很高，并且越来越高，跨度又很大，颇有难度。"但他唱时，从不用假声，可是让人丝毫不觉勉强，实在令人惊讶。唱这一首时，他声音中的沧桑孤寂便充满了每字每句。我们有幸聆听了三四次，每次唱完，他都极坚定地说道：'零落成泥碾作尘，只有香如故。愿共勉！'"

先生爱唱，学生更爱听。每当提起《卜算子·咏梅》，李家声都会问："我唱过了吧？"学生都极诚恳、极无辜地看着他，大喊："没有，没唱过！"并且总有几个狡黠的学生带头鼓起掌来。

"他便也不再细究，微笑一下，又凝眉唱起来。不过我知道，他是明白的。因为有一次，他说起一个词牌的曲调也有今人谱成的旋律时，大概正想说自己会唱，这时，在某些同学的带领下，掌声又起来了。他笑着说，这次让你们抢先了。举班大悦，老师同学会心一笑。现在想来，微笑又飘上嘴角。唉！那时是多么惬意、幸福啊！

"快乐的三年，就这样快而乐地过去了。最后的语文课前，我们想用独特的方式表达对他的感情，于是，大家决定齐唱《小放牛》。我们对他说，以前都是您给我们唱，今天我们给您唱。全班起立，齐声高唱。我们看到他拿出手绢，擦了擦眼角的泪水。他说还想听我们唱，我们便由他带着，唱起《卜算子·咏梅》……"

我们人类的许多灾祸，说到底都是人祸，是那些野心家、那些不逞之徒造成的

李家声酷爱读书，且涉猎广泛。他认为教师必须不断地学，课才能常讲常新。他学过文字学，通读过《二十四史》《十三经注疏》，熟诵《论语》《楚辞》及唐诗宋词等，在精研了《诗经》后，还写了一本《诗经全

译全评》。

读《论语》时，李家声最喜欢其中的两句话，他说每次读，内心都难以名状地感动。这两句是："不曰坚乎？磨而不磷；不曰白乎？涅而不缁。"

李家声解释道："说白了，这两句话的意思就是，不是说很坚硬吗？怎么磨，也不会变薄；不是说很洁白吗？怎么染，也不会被染黑。这是在讲人的灵魂和品格。"

有一次，李家声读清人笔记时，看到这样一件事：一个清代文人在北京的文物市场买到了一方砚台，这块砚台太珍贵了，是岳飞的，因为上面写有岳飞的砚铭——持坚守白，不磷不缁。

"岳飞是把孔子的话稍加改变，作为了自己的座右铭，表达出保持坚强的意志、美好的情操，决不磨薄、决不染黑的信念。"岳飞死后，这方砚台到了谢枋得的手里。谢枋得也是一位民族英雄，与文天祥一起抗元，后来隐居。元统治者让他出来做官，找到他并把他押解进北京，住在法源寺。但是谢枋得不从，最后绝食而死。生前，他把那块珍贵的砚台送给好友文天祥，文天祥得到这块砚台后，又在上边留下了自己的砚铭——砚虽非铁磨难穿，心虽非石如其坚，守之弗失道自全。

"原来，孔子的这两句话，竟然哺育了3位民族英雄，而我也被这两句话深深震撼，且知道了人生路上要坚定不改、纯洁不变。我的体验与这些英雄们是相合的，这是多么美妙的感受啊！借讲'磨而不磷''涅而不缁'的成语，我把这样的真悟传达给一届届学生。学生所受的震撼虽难以言喻，但我感觉到了。直到今天，在给我的贺年卡上，他们最常写的就是这两句话。我知道，他们是在告诉我，一定会这样处世做人。"

在语文教学中，李家声结合相应文章的讲授，把民族精神、人格情操具体形象化为：情真思屈原、正直司马迁、高洁严子陵、气节有苏武、傲骨是嵇康、正气文天祥。

"司马迁，不就是讲了几句真话吗？他跟李陵无亲无故，满朝文武谁都不说真话时，司马迁说了，结果遭受了那么大的灾祸。"出于由衷的敬仰和对其命运的慨叹，在讲司马迁的《报任安书》一课时，当诵读到"且夫臧获婢妾犹能引决，况若仆之不得已乎！所以隐忍苟活，幽于粪土之中而不辞者，恨私心有所不尽，鄙陋没世而文采不表于后也"的这一刻，李家声说自己胸中那种悲愤、痛烈、豪壮之情，合聚一起，喷涌而出。或欲哭、欲呐喊，或欲扼腕、欲拍案而起……因为他的激情讲述，学生们才会说，听他的课时，常常感到如有一股热血直顶脑门。

李家声给学生讲严子陵的故事。严子陵是汉光武帝刘秀的同学。刘秀称帝后，千方百计找到严子陵，请他进宫，两人好到一个床上睡。刘秀让严子陵当宰相，结果他跑了，隐居起来，待在江边钓鱼。

有学生问："难道他在江边钓钓鱼，就比开国 28 位将相高尚？"

"我说是！我们人类的许多灾祸，说到底都是人祸，是那些野心家、那些不逞之徒造成的。只要能出人头地，满足个人私欲，他们就不惜作恶害人。我们的社会最怕的就是这种人。而严子陵拒绝的是多大的名利啊，他退隐山野，为世人树立起高尚的榜样。如果人人都有一颗平和的心，我们的社会是不会有大苦难的。天灾都是暂时的，人祸才会遗患无穷啊。"

他反复跟学生讲："只求耕耘，不问收获，重要的是发展自己的能力，多长本事，做更多的事情。一个人的心，要专注在做事上，而不能专注在名利上。人人为我，我为人人，这就是美好社会。那些不逞之徒却是：人人为我，我不为人。"

"有时候，连我也不知道怎样做才是最好的。但是，我跟学生们说，我知道什么是不能做、不该做的。假如我们一件丑恶的事也不做，人自然就美好了。我不想给学生终极的东西，不想让他们形成思维定式，不想束缚他们的思想，我想让他们成为独立思考者。唯此，才能在纷繁的社会中不迷惑、不迷失。"

谈到李家声对自己精神世界的影响，一个正在大学读书的学生说："先生给了我空灵、明净和透亮的灵魂，教我们怎样做一个知识分子，做一个铁骨铮铮、苏世独立、横而不流的知识分子。先生还说过，做一个知识分子，要真正对这个社会负责，对得起生我、养我的百姓。我现在选择了一个与这个社会息息相关的学科，就是经济学，承担一种经世济民的使命。

"先生当年教给我们的是'持坚守白、不磷不缁'的道德原则，让我明白了'道不同，不相为谋'的道理，甚至需要那种'虽千万人，吾往矣'的勇气。"

毁人的教育，就是伪教育

"我并不是要学生过苦行僧一样的生活，相反，我告诉孩子们，一定要享受快乐、享受人生。"李家声生活中的享受是两真：一是真情，二是真景。

同事们认为李家声是一个性情中人。有一回，学校组织外出旅游，在一处风景点，耸立着一棵千年古树。面对这株遒劲的老树，别人忙着拍照留影，而李家声与老树默默相对，良久，他突然冒出一句让人意外的话："树啊，我真想对你哭！"

他当时在想：人这一辈子不过几十年，遇到风风雨雨时，都会感到很艰难，何况这样一棵树呢？历经上千年的岁月，多少风吹日晒，多少霜打雨淋，它一动不动地活了下来，多么不容易！它历览人世沧桑，它所受的磨难是我们人类无法知道的啊。"那一刻，对生命的深深敬畏让我感慨万端，情不自禁。"他说。

春天到了，北京元大都遗址公园里的海棠怒放着。课堂上，李家声吟诗一首，是苏轼的《海棠》："东风袅袅泛崇光，香雾空蒙月转廊。只恐夜深花睡去，故烧高烛照红妆。"又对学生道，君不见，古人怕海棠花谢了，晚上点着蜡烛也要看它啊。言下之意是，你们快到公园看海棠去。

四中校园里有桃树、玉兰等植物，花开时节，师生们常见李家声独自一人立于树下，仰望着一树的绯红，一树的洁白。此情此景令许多师生印象深刻。有个年轻教师甚至专门写了一篇文章——《静对花开的生命》。

又一年春末，校园里一株楸树花开正浓，李家声惊其美，到了教室，不禁口占一绝："一树花繁映眼前，惊艳之余赏暄妍。如此美景天赋予，诸君何不下楼看！"学生笑成一片。

那些当年赏了花的学生，心中留下的是美好的记忆。"现在，我在上班开车途中，路边也有很多花，也会看上一眼，觉得漂亮，但不会像以前那样静下心，停下来，安安静静地欣赏，感受花朵的璀璨，感受阳光的温暖了。现在的匆忙一瞥，不会有那种感触。"学生感慨道。

多让学生接触、联想美好的事物，残虐酷杀之事少碰、少描述，对邪恶奸诈少涉及而多挞伐。"试想，如果一个人看到一朵花时会那么喜爱，会被生命的美感动，会为之欣喜，他怎么能不敬重生命，怎么会去拿刀杀人，怎么会干出反社会、反人类的事来？"李家声认为，教育的最佳状态就是潜移默化，是润物细无声。

"我觉得，世间一切美的东西里，都有爱！"这是李赛由此得到的感悟。

为什么给中学生讲甲骨文？李家声的解释是："我就是要让孩子们看看，咱们的汉字有多么美。"年底的一堂课上，李家声在黑板上，先是甲骨文，再是小篆，继而楷书，写出几种字体的"年"字，并解释字义，随后附诗一首："耕耘有获，丰收为年。诸君勉哉，大有欢颜。"然后，他笑眯眯地告诉学生，这就是他给大家的贺年片。

他曾在高二开了一次《汉字与文化》的讲座，学生看题目开始以为挺枯燥的。讲着讲着，李家声猛地抬头，发现窗外天都黑了，一看表，原打算 4:30 结束的讲座早已超时。"不讲了，到此打住。"他说。没想到，学生们不干，在底下嚷嚷道："别介别介，您讲吧！""可见，孩子们对咱们的传统文化还是喜欢的，关键看你讲些什么，怎么讲。"

为了准备高考，高三时老师们基本不再讲新内容，语文课也是 ABCD 地反复做习题。李家声不这么做，他说自己不炒冷饭，决不把已经学过的东西再重复一遍。高考复习时，好些题到他这里就横住了，不必做！

"你看看吧，现在的孩子到了小学六年级什么都不学，为了考中学翻来覆去地做题，甚至拿习题本念，这不是折磨人吗？到了高三，又要整整磨一年。学生的才气磨没了，兴趣磨没了，创造力磨没了。教育应该是教化、培养人啊，怎么成了这个样子呢？"

李家声后来终于想明白了：这其实是伪教育！怎样判断是不是伪教育呢？他说就一条：毁人的教育，就是伪教育。

"现在，有些作业太折磨人了！"所以，他告诉学生，只要你是认真读文章了，读懂了，上课认真听了，什么作业都可以不做。

高中统练时，每次李家声总会用几节课的时间讲卷子，讲着讲着就跑题了。讲到古文的主观题、客观题时，他都会补充很多资料和内容，让学生听得有滋有味。

班上的一个体育特长生，高考语文考了120多分。毕业时，他伏在李家声的耳朵边上说："老师，跟您学语文，我一点儿也不吃力。"

"上他的课是一种享受，真的！"早已毕业的学生，仍念念不忘李家声的语文课。

"无论是听他吟诵千年绝句，还是看他刚劲飞舞的甲骨文，都是一种享受。对于许多历史人物，我们本是不了解的，自从上了他的课，我会主动去欣赏文言的音韵之美，会主动去欣赏草木的勃勃生气和顽强毅力。"

"他用自己的人格魅力和中国传统文化的魅力，让我们摸索着形成了自己的价值观，并在今后的人生中，通过对这种价值观的坚守，我们感受到了人生的最大幸福。"

那天研讨会上，视频里播放了一个男生说的话，让记者印象颇深。他说："文是文样子，人是人样子！先生这两句简简单单的话，让我受用一辈子。"

董月玲/文
2008 年 7 月 16 日

过去的教授

　　研究中国大学教育的人可能都会注意到这样一种现象：20 世纪初，最早承担传统教育向现代教育转变职责的，大多是一批传统的士子，比如北大校长蔡元培、南开大学创始人严修、南洋大学堂校长唐文治、交通大学校长叶恭绰，以及光华大学校长张寿镛等，都是进士或举人出身。如果仅仅是个别人，也许还是特例，但正如现代大学教育史向我们展示的那样，这是一种较为普遍的现象。

　　不仅如此，这些现代大学制度的设计者，同时又是具有世界眼光的人，比如蔡元培是留德学生，而蒋梦麟是留美学生。而且，从一开始，他们就居于教育的主导地位，像蔡元培、蒋梦麟都是做过大学校长和教育部长的人。现代大学的萌芽时期最需好的设计者，这一点可以说是中国现代大学的幸运。制度的设计在于理念，在于对国家进步的强烈感情，在于对世界文明的诚意。中国早期大学制度的设计者们可以说都是具有这样品格的人。有了这样品格的人，才奠定了好的大学制度，最终才出现了像北大、清华、复旦等一些向当时国际一流学府看齐的大学。

　　除此之外，1929 年 7 月，国民政府制定的《大学组织法》还明文规定，除国立大学外，"由私人或私法人设立者，为私立大学"。不仅允许设立私立大学，其概念里还包含了外国人和教会可以在中国办大学，这是一种开放的世界眼光。在中国教会大学任教多年的芳威廉在他的回忆录中写道："早期由于缺少现代化的高等教育体系，任何新事物都难免是舶来品，新式大学显然是由外国输入的，严格区别于中国的传统教育。"

　　当时国立东南大学的校长郭秉文曾说过："从全国范围来评论，有些教会大学已处于中国最好与最有效率的大学之列。而且，由于他们兴办学校较早，所以他们就有更大的影响力与更多的优势。"

对于这些大学，教育部一视同仁。而且对于办得好的私立大学，中央和省市政府都要拨款补助，或者由教育部转各庚款教育基金委员会拨款补助。在待遇上，各种形式的大学地位是平等的。《大学组织法》还明文规定："大学校长一人综理校务，国立、省立、市立大学校长简任，除担任本校教课外，不得兼任他职。"在中国早期大学制度设计者的理念中，教育独立的观念可以说深入人心。

1937 年，胡适在"庐山谈话"中也多次强调，官员不能兼任公私立学校校长或董事长。1945 年，蒋梦麟做了行政院秘书长后，他的北大朋友就劝他必须辞掉北大校长一职。他们认为，大学校长决不能由官员兼任。此外，当时十分强调私立大学与国立大学的平等地位，事实上做没做到还在其次，重要的是办大学的人应有这样的理念。中国是一个教育传统非常深厚的国家，从古代的私人讲学到现代的私立大学，都可以举出无数的实例。从私立大学到民间教育家，本来就有一脉相承的传统，只是后来中断了，而不是中国人没有能力办好私立大学。南开大学、厦门大学、复旦大学、光华大学等等，在当年都是堪与国立大学比肩的私立大学，其校长张伯苓、林文庆、马相伯、张寿镛，个个称得上一代教育宗师。

胡适在《谈谈大学》的演讲中曾说过："记得 20 余年前，中日战争没有发生时，从北平到广东，从上海到成都，差不多有 100 多所公私立大学，当时每一个大学的师生都在埋头研究。假如没有日本的侵略，敢说我国在今日世界的学术境域中，一定占着一席重要的地位，可惜过去的一点传统现在全毁了。"

对今天的人来说，那个年代已成历史。我们只能回望，从前辈学人留下的点滴文字中，感受那个年代的大学，以及那个年代的教授。

自由流动的教授

过去的教授是可以自由流动的。所谓自由流动，是指大学校长有聘任教授的自主性，而教授也有自己选择大学的自由。自由流动其实就是迁徙自由和择业自由的具体化。由于过去的教授社会地位较高，经济上相对有保障，这使自由流动成为教授生活的一种常态。就是说，过去的教授一般不会在一个自己不喜欢的大学里混下去，特别是年轻教授，他们的流动性是很大的。

流动本身是一种双向选择的机制，教授在选大学，大学也在选教授，令教授最终固定下来的大学，通常就是他们比较满意的大学。这种自由流动的机制，对于展示一个人的才华有积极意义，同时也对教授保持学术活力有促进作用。

1932年，杨树达在清华执教，因为有人说了他的闲话，就决定向当时的中文系主任刘文典请辞，离开清华。杨树达在回忆录中记下了这件事："十一日。书与系主任刘叔雅（文典），告以下年不愿受清华之聘。廿二日。文学院院长冯芝生（友兰）来，言见余与叔雅书，有辞职之说，务请打消此意云云。余答言'闻学校有人与余为难，故有彼信，免使学校为难。余学问佳否，姑可不论，即凭余之努力，学校不应因诸先生无知之言而对余不满'。芝生唯唯而去。二十三日。在清华，刘叔雅来信，学校局面已定，不许余辞职，休假不成问题。此次当教授皆续聘三年，希望假满后仍回学校任教云云。"

像这样的情况在过去的大学里是十分常见的。是真教授就不愁没有去处。当年鲁迅在中山大学，后因傅斯年又聘了顾颉刚来，而鲁迅和顾颉刚有积怨，不愿与他待在同一个学校，所以很快就离开了。由于有自由流动的机制，大学里教授之间的矛盾一般能够减至较低程度。

说痛快话的教授

张东荪是我国著名的哲学家，早年在上海光华大学做教授。当时学校有一个惯例，每次召开校务会议时，主席都要恭读总理遗嘱。张东荪对此很反感，有一次忍不住说："下次再读遗嘱，我就不来了。"遂夺门而去。

西南联大时，国民党当局要求负有一定行政职务的教授都入党，当时任法商学院院长的陈序经听罢，脱口说道："扯淡，我就不入。"

在过去的大学里，教授对于党派活动一般是比较反感的，这种态度源自西方大学的理念。这种态度不仅是指对某一具体党派好坏的评价，而是从根本上反对在大学里进行党派活动。无论是什么样的党派活动，教授们都不赞成。王瑶在《念朱自清先生》一文中说："他平日并不过问政治，1942 年昆明学生发生倒孔运动后，国民党拉拢大批大学教授入党，在1943 年 5 月 9 日的日记中，曾记载闻一多先生和他商量一同加入国民党，因了他的拒绝，才没有加入。"

张奚若是我国知名的政治学教授，抗战期间曾做过国民参政会的参政员。他在参政会上多次对国民党的腐败和独裁提出尖锐的批评。有一次担任会议主席的蒋介石听得很不高兴，打断了张奚若的话。张奚若盛怒之下拂袖离开会场，返回昆明。下次参政会召开时，张奚若在收到邀请信和路费后，立即给参政会秘书处回电："无政可参，路费退回。"

1946 年初，在旧政协开会前夕，张奚若应西南联大学生会的邀请做过一次演讲，开讲之前，他就说："假如我有机会看到蒋先生，我一定对他说，请他下野。这是客气话。说得不客气点，便是请他滚蛋。"

讲课自由的教授

讲课自由是学术自由在大学的一种表现形式。所谓讲课自由，是指大学教授在讲台上有自由传播自己学术观点的权利，也有自由表达自己政治见解的权利。旧大学里对前一点体现得较好，而对后一点限制颇多。

旧大学从体制上说有一个长处，就是在课程设计上留给教授的空间很大，简单说就是那时没有统编教材，在设置好课程大体范围之后，教授可以根据自己的爱好和学术专长选择教材。在旧大学里，教授的讲义通常就是自己的学术研究成果，多年积累之后，多数都要出版。旧大学教授的学术成果许多就是由讲义而来的，有些学生记下的课堂笔记，多年以后得以出版，人们也会将其当作学术成果看，这是旧大学里的一种传统。由于没有统编教材，教授就必须学有专长，如果随便找一本专著来作自己的讲义，那样的日子是不会长久的，不但同行会看不起，学生也不买账。

没有统编教材，也就没有统一考试，所以旧大学里教授的权力是很大的。比如说，当年清华国学院有一次招生，陈寅恪出的考试题就是对对子，他出了上联"孙行者"，请考生对出下联。据说当年对出下联"胡适之"的只有一人，即后来成为古汉语专家的周祖谟先生。

史学家李埏回忆，当年陈寅恪在西南联大讲授隋唐史，开讲前开宗明义："前人讲过的，我不讲；近人讲过的，我不讲；外国人讲过的，我不讲；我自己过去讲过的，也不讲。现在只讲未曾有人讲过的。"

这虽然是大师的风格，常人难以企及，但这也从另一面说明，自由授课在当时的大学里是很受推崇的。

教授保护学生

在旧大学里，教授和学生平时也许并不那么亲密，但在遇到大事的时候，学生对教授的态度则是充分信任，而教授对学生也可以说是爱生如子。对于学生的政治兴趣和政治选择，教授一般是有一个态度的，有时教授也会劝劝学生，希望学生能够听他们的话。教授有苦口婆心的时候，也有和学生起冲突的时候，但教授和学生彼此之间的信任，一到关键时刻，便会体现出来。

冯友兰回忆录中，就表达了他很珍惜当年和学生之间的这种情谊。有一次，清华接到当局的一份学生名单，要学校把这些学生交出来。梅贻琦校长立刻召集校务会议，商讨应对办法，决定由教务处通知这些学生，叫他们小心谨慎，尽可能隐蔽起来。当局派部队围住了清华，要逮捕这些学生。刚吃罢晚饭，梅贻琦就打电话叫冯友兰去他家开会。冯友兰刚要出门，有两个学生要进来，他就说："好吧，请进来吧。"

到了梅贻琦家以后，冯友兰才知道，大部分学生聚在体育馆内，军警正准备攻打体育馆。梅贻琦说："看情况随时都可能发生大事，参加校务会议的人都不要走，等着随时应付。"然后梅贻琦就往城里打电话，请求援助。后来他找到当时的市长秦德纯，秦德纯过去是宋哲元的幕僚。秦德纯找了宋哲元后，军警才撤离了清华。

等冯友兰回到家里，那两个学生也走了。他后来回忆说："任载坤（冯夫人）对我说，那两个学生坐在客厅里，在沙发上睡着了，发出很大的鼾声。她听见门外常有人来来往往，怕出危险，就把他们叫起来藏在后院厨房里。我也不知道那两个学生是谁。"

当年的一个学生后来回忆说："我们从梅校长家出来时，天已将黑，大家就按校长的话，设法躲避。我自己躲在叶公超教授家里，姚依林当时躲在冯友兰教授家里……从这一件事来看，梅校长当时作为国民党政府特任的国立大学校长，能冒着一定风险如此保护学生，应该说是十分难得的。"

校长保护教授

大学校长以爱护学生和教授为天职，这也是现代大学的理念之一。对旧大学的校长来说，他们决策什么事情，往往会在思想情感方面先和教授、学生进行沟通，全然不把大学校长当一个官员来做。所以每当教授和学生出事的时候，他们的第一反应不是去责怪教授和学生，而是去保护他们，使他们免于任何迫害。

那时的大学校长似乎有一种自觉，凡是教授和学生遇到什么事情，他们总是把教授和学生放在第一位，这是过去做大学校长的基本行事原则。

当年许德珩、侯外庐、马哲民都是进步教授，"七七"事变前他们被捕，成为当时北平轰动一时的大事。当时北大校长是蒋梦麟，文学院院长是胡适，谁都知道他们在许多问题上与这些进步教授的看法根本不同，可以说不是一路人。但在他们出事以后，蒋梦麟和胡适却多方奔走，设法营救，直至最后国民党政府迫于压力，释放了三位教授。

史学家张芝联回忆，他当年在上海光华大学教书时，有一段时间还兼任校长朱经农的英文秘书。1948 年 3 月，有一封南京教育部给朱经农校长的密件，恰好落到张芝联的手中，原文是这样的："上海光华大学朱经农校长密鉴。据有关机关报称，该校秘书张芝联，秘密领导左倾学生酝酿成立自治会，并借授课时间分析时局，攻击本党且煽动学生退出本党等情，希查明具报为要。"

张芝联看完后大吃一惊，立即去找朱校长。朱经农看完密件后安慰张芝联说："不要紧，我去南京向部里说明，不必担心。"

教授帮学生翻译论文

费孝通晚年常常念及他当年在西南联大和几个学生一起做研究的情形，就是后来人们常说的研究群体：魁阁。

那时费孝通是这个集体中的领导，他的几个学生如史国衡、张子毅、胡庆均等人，在费先生的领导下，都非常努力，做出了许多学术成果，如史国衡的《中国进入机器时代》（*China Enters her Machine Age*），以及张子毅的《被土地束缚的中国》（*Earthbound China*，与费孝通合著）。这些学术成果在当时很有影响。

1943 年，费孝通到美国后，亲自将自己学生的研究成果译成英文在美国出版，当时费先生也只不过 30 出头，做这样的事当然是需要一点胸怀和境界的。

王淦昌先生回忆他当年在清华的学生生活时，也说到过这样一件事："1930 年我考进德国柏林大学做研究生，在一次偶然的机会看到了我的一篇论文被翻译成英文发表在《清华大学论文集》第一期上，这是完全出乎我意料的事，使我非常惊讶，十分感激。吴教授对学生的事就像自己的事那样认真，竟亲自翻译并送去发表。它又是一股无形的动力，激励着我在柏林大学认真做研究。"

王淦昌提到的教授，便是当时清华物理系的吴有训先生。

教授学生都犯上

"五四"时代令人神往。当年的"五四"人物，虽然最终的结局不同，但他们的人生都是充实的。对那一代人来说，"五四"不只是一个普通的历史事件，更是一个精神事件，从此以后，他们进入了一个新的时代。过去的知识分子多数是有"五四"情结的，因为这个运动对他们的影响太深了。闻一多就曾说过："《中国之命运》（蒋介石著）一书的出版，在我个人是一个很重要的关键。我简直被那里面的义和团精神吓一跳，我们英明的领袖原来是这样想的吗？'五四'给我的影响太深，《中国之命运》公开向'五四'宣战，我是无论如何受不了的。"

那时傅斯年还在北大读书，他们想办一个刊物，就去和当时的文科学长陈独秀商量。陈独秀很爽快地答应了，并说："只要你们有办的决心和长久支持的志愿，经济方面，可以由学校负担。"《新潮》就这样办起来了。在《新潮》第一卷第一号上，傅斯年就写文章批评了当时北大文科的教授马叙伦。

当时北京大学出版部刚出版了马叙伦的《庄子札记》，傅斯年在他的文章一开始就说:"泛览一周,始觉失望。"然后——一辩驳,毫不留情,在文章的最后说:"先生书中有自居创获之见者,实则攘自他人而不言所自来者。"并指出马叙伦抄袭了胡适的观点。

傅斯年说:"胡先生此讲义印于去冬,马先生《庄子札记》刊于今夏,同教一堂不得云未见。见而不云所自来,似为贤者所不取也。"

紧接这篇文章之后,傅斯年又写了一篇批评文字,这回是批评蒋维乔译的一本书《伦理学讲义》。

傅斯年评价蒋维乔译的这本书"是部无感觉、无意义、无理性的书"。又说:"我写到这里,忽然觉得错了。他本是自日本陈书里翻译来的,我为何安在他身上! 不仍旧是拿'著作者'待他吗?"

当年《新潮》社出了那么多人物,与那样的时代精神是分不开的。

识大体的教授

读过钱钟书《围城》的人都知道,当时的教授毛病也有很多,有些毛病还是知识分子独有的。

钱钟书还有一部中篇小说《猫》,讽刺当时著名的自由主义知识分子,笔墨也很辛辣。而这两部小说中的主要人物,都是以当时的大学教授为原型的,也有研究者指出过其中的人物就是某某。

钱钟书曾在西南联大短期执教,其间不是很愉快,只在那待了一个学期就离开了。在他的笔下,对大学教授多用了一点讽刺笔墨是情理中事,也不能说就是丑化知识分子。

刘文典也挖苦过沈从文。据传,刘文典有一次躲警报时,见沈从文也跟着跑,就和人说:"我跑是怕没人教《庄子》了,学生跑是为了将来,他沈从文跑什么?"刘文典是古典文学专家,看不起新文学,才出此言。

然而总体上观察,过去的教授还是识大体的,尽管他们也有许多毛病,但在大事面前一般多不糊涂,大多能避开私利,从大局着眼。

钱穆在《师友杂忆》中曾说过这样一件事：

一天，北大校长蒋梦麟从昆明到了当时还设在蒙自的西南联大文学院。晚上北大师生聚会欢迎，钱穆也去了。许多教授连续登台发言，说了联大的种种不公平。当时南开校长张伯苓和北大校长蒋梦麟都在重庆，不常来昆明，只有清华校长梅贻琦常住昆明，所派各院院长、各学系主任皆有所偏，比如文学院院长就长期由清华冯友兰连任。北大教授对此很不满意，一时群议分校，争主独立。钱穆听了就起立发言："此乃何时，他日胜利还归，岂不各校仍自独立。今乃在蒙自争独立，不知梦麟校长返重庆将从何发言。"

钱穆说完，蒋梦麟立即起来插话："今夕钱先生一番话已成定论，可弗再在此题上起争议，当另商他事。"教授们便都不说话了。

教授不以政治衡人

旧大学里教授之间的关系也很微妙，但总体说来，还是人情味较浓的。那时，人们评价一个教授的好坏并不因他的政治观点而有偏见。将一个人的为人处世和他的政治观点分而论之，是文明程度较高的体现。

杨树达在他的回忆录中，曾提过他和陈独秀的一点关系。他说："从清华入城，车中遇邓叔存（以蛰）。告余云，陈独秀在狱中专治文字音韵之学。今日正以陈缄嘱，入城购余所辑《古声韵讨论集》云。余因邀叔存来余寓，以《清华学报》所载余说字之文单印本二册，一《形声字声中有义证》，一《释》以下十一篇，交叔存，请其转致。余与陈君不相识，惟曾见其著一说字谊之书，颇便初学。文学革命时，陈、胡并称，然陈之小学知识在胡适等人之上也。"

遥想当年，陈独秀在北京大学是何等生气，他是新文化运动的主将，后来的道路却十分曲折。邓叔存、杨树达都是对政治兴趣不大的人，但他们并不因此而反对别的教授对政治有热情，这也不影响他们之间的友情。

■ 陈独秀能够在狱中研究文字学，便得到他当年教授朋友的帮助，其中就有他不相识的杨树达。这和陈独秀当时的社会声望有关，也与当时教授之间形成的不以政治论人的准则有关。在旧大学里，这是为教授们所默认的一种行事原则。

校风的熏育与传承

我们现在从许多人的回忆录中可以看出，尽管教授之间难免也有矛盾，但从整体上说还是融洽的。钱穆在《师友杂忆》中，记下了很多教授之间发生的故事。

李埏回忆他在西南联大时的生活，对联大的学风非常怀念。他说那里的门户之见、文人相轻的陋习是比较少的。这个大学像不择细流的湖海一样，把许多专家学者汇集在一起。一位教授在他研究的那个学术领域内，可能是不容争辩的权威，但在那个领域之外，还有很多领域，很多权威。对那许多领域，即使是最渊博的学者，也总有许多领域不为他所专长。那成百上千的选修课，个人所能开出的不过数门，所以就不能骄人了。

李埏说他在联大时，常常听到一些他很心服的老师谦逊地说，自己对某方面所知甚少，某个问题最好向某位教授去求教，这种态度深深地影响了他。他还经常看到已经颇负盛名的教授到其他教授的讲堂里，和学生们坐在下面一同听课。比如沈有鼎先生就经常去听别的先生的课，这在联大也是一种风气。教授之间的这种风气也影响了他们的学生。

王浩把他在西南联大度过的那段时光称为"谁也不怕谁的日子"。王浩说："教师之间，学生之间，师生之间，不论年资和地位，可以说谁也不怕谁。当然因为每个人品格和常识不等，相互间会有些不快，但大体上开诚布公多于阴谋诡计，做人和做学问的风气是好的。例如在课堂上，有些学生直言指出教师的错误，而教师因此更欣赏这些学生。有两次教师发现自己的讲授存在严重错误，遂当堂宣布，近几个星期以来讲得都不对，以后重讲。教师与学生相处，亲如朋友，有时师生一起学习新材料。同学之间的竞争一般也光明正大，不伤感情，而且往往彼此讨论，以增进对所学知识的了解。离开昆明后，我也交过一些朋友，但总感到大多不及联大的一些老师和同学亲近。这大概和交识时的年龄有关，但我觉得当时联大有相当的人在为人、处世上兼备了中西文化的优点，彼此有一种暗合的视为当然的价值标准。"

西南联大的校风，在很大程度上得之于教授和学生对中西文化优长的完美融合，这种融合是在自觉状态下完成的。一位联大的学生回忆说，中文系主任罗常培先生曾说，杨振声先生讲小说必称沈从文，讲戏剧必称丁西林。这话在国文课上只证实了一半，为什么联大国文课本中没有选沈从文的小说呢？据说，教授们在当年讨论篇目时，规定过一个原则，凡是本校同仁的作品，一律不予入选。这么一来，就连朱自清先生的散文名篇《背影》，也没有机会在国文课本中露面了。

姜亮夫回忆清华国学研究院的生活时说："在清华这个环境当中，你要讲不正当的话，找一个人讲肮脏话是不可能的。先生同先生、学生同先生、学生同学生，碰见了都是讲，某个杂志上有某篇文章，看过了没有。如都看过，两人就讨论起来，如一方没有看过，看过的就说这篇文章有什么好处，建议对方去看。"

郑敏曾在西南联大哲学系读书，她这样回忆冯友兰："一位留有长髯的长者，穿着灰蓝色的长袍，走在昆明西南联大校舍的土径上，两侧都是一排排铁皮顶、有窗无玻璃的平房，时间约在 1942 年……正在这时，从垂直的另一条小径走来一位身材高高的，戴着一副墨镜，将风衣搭在肩上，穿着西裤衬衫的学者。只听那位学者问道：'芝生（友兰）到什么境界了？'于是两位教授大笑，擦身而过，各自去上课了。"

这是郑敏笔下的冯友兰和金岳霖。郑敏说，当时"每位教授走在那狭小的昆明石板小径上，都像是沉浸在自己的学术思考中"。

殷海光 1938 年入西南联大，后又进入清华哲学研究所。当年曾受到过金岳霖先生的赏识。他回顾自己的一生，除了受"五四"的影响外，就是西南联大的熏育。他在给林毓生的信中说："在这样的氛围里，我忽然碰见业师金岳霖先生，真像浓雾里看见太阳！这对我一辈子在思想上的影响太具决定作用了。他不仅是一位教逻辑和英国经验论的教授，而且是一位道德感极强烈的知识分子。昆明七年的教诲、严峻的论断，以及道德意识的呼吸，现在回想起来实在铸造了我的性格和思想生命……论他本人，他是那么质实、谨严、和易、幽默、格调高，从来不拿恭维话送人情，在是非真妄之际一点也不含糊。"

大师们的背景已经远去，而当下，这样的学术传人又有谁堪当呢？

谢泳／文

2007 年 8 月 1 日

寻找先生

10位"先生"站在展厅里，拥挤的人潮中，他们的身形显得有些单薄。毕竟，这只是用纸板做成的人形。但在9月2日这一天，却有很多市民到深圳关山月美术馆为他们送行。印在纸板上的名字是：蔡元培、胡适、马相伯、张伯苓、梅贻琦、竺可桢、晏阳初、陶行知、梁漱溟、陈寅恪。

这些"先生"身后，正播放着关于他们的纪录片。片中，一个女声问："你们了解胡适这个人吗？"

"胡适？胡适？"一个身着校服的女高中生歪着头，疑惑地重复了两遍，"就是一个姓胡的人是吗？"

对于这样的结果，制片人邓康延并不太感意外。20多年前，当他还是西安的一名地质工程师时，就开始对民国文化名人的结局感兴趣。后来，他改行做杂志、纪录片，拍过抗战老兵，收集过民国老课本。随着对民国历史了解越来越深入，他发现，曾经闻名于世的许多先生，如今不是被遮蔽，就是被忘却，就像"被一阵风吹散了，神马都是浮云"。

两年前，邓康延和他的纪录片团队开始寻访这些民国先生的踪迹，最后将拍摄成果集成了一部10集的纪录片，以及一场历时16天的小型展览，展览的名字就叫"先生回来"。有人说，他是在为这些先生"招魂"。

"他们的背影，让我们看到了这个民族的正面。"邓康延说。

9月2日闭展这天，40多位小学生站在先生们面前，用稚嫩的童声合唱了李叔同的《送别》。这是邓康延为素未谋面的先生们送上的一份临别赠礼："那是余音至今的民国歌吟，也是我们悲欣交集的先生们渐渐远去的空谷足音。先生先生了百年，后生后知在此间。"

■ 为什么这样有名的人，我们之前不知道？

展厅里，一个小男孩拉着母亲的手，在经过展板上铺展开来的这些先生的生平介绍时，抬起头说："妈妈，我不认识他们。""之后你会学到的。"母亲有些敷衍地告诉他。

实际上，这些人的名字在教科书里毫不起眼。在摄制组一位年轻女编导的记忆中，"胡适"这两个字只是语文试卷中的一个干扰项——"《狂人日记》的作者是：A. 鲁迅，B. 胡适。"选择胡适，就失掉了两分。

甚至在胡适的家乡安徽省绩溪县上庄镇，这个名字也曾被遮蔽了很多年。当地一位中年乡镇干部指着胡适故居的方向，在镜头前跳来跳去，显得很激动："我们那个时候知道这个人是文人，是个反动的文人。"

"为什么这样一个有名的人我们之前不知道？"学者熊培云说，"我们了解更多的是鲁迅，熟悉他像匕首、投枪这样凌厉的一个姿态，而胡适那种很温和的姿态，那种宽容、追求自由的形象，为什么在我们的教科书上没有表现呢？"

邓康延一直有为这些民国先生立传的想法。2010 年，为拍摄抗战纪录片，他和深圳一些志愿者去美国华盛顿国家档案馆查找抗战时期的影像。在那些战火纷飞的片段中，屏幕上偶然会跳出几十秒难得安逸的无声画面：北大校长蔡元培和友人站在草地上谈笑风生；胡适在北大红楼门口和学者一一握手；南开大学校长张伯苓穿着长衫，笑容可掬，怀里还抱着个小娃娃。这些场景一下把他击中了。

那之前，邓康延恰好在云南腾冲搜罗到 3 本民国时期的老课本，这些小学课本的编纂者竟然是包括蔡元培等在内的民国知名学者。后来他再去寻觅更多的老课本，张元济、胡适、晏阳初、陶行知、丰子恺等人的名字"哗哗哗"往前涌。邓康延觉得自己 20 年前的想法现在已经成熟了，是时候用影像为这些渐行渐远的先生立传了。

他首先选择了 10 位可以映照当下教育问题的民国先生。这些人中，有 6 位是大学校长，3 位从事乡村教育，还有一位是崇尚独立自由的学者。

起初，摄制组的成员主要来自邓康延所在的深圳越众影视公司。一些朋友在酒局上听到这个拍摄计划后也要求加入，其中就有国家形象宣传片总导演高小龙和《风声》的导演高群书。

高小龙是邓康延的陕西老乡，一直敬佩胡适。当他在饭桌上听邓康延说起这件事时，激动地用陕西话说："康延兄，胡适谁都不许给，我来拍，不要钱都行！"拍大制作的高群书也要求加入。邓康延却给他泼冷水："你们拍个电影都是几千万，我们纪录片一集也就几万元，很苦的。"可高群书说没问题，拍电影都快把手拍臭了，就喜欢拍这些纪实的东西。后来，他忙于新片无暇执导，但还是推荐了另一位导演。

最后，摄制组分成 4 个小分队，历时一年多，追寻这些先生的后人和学生，重访他们的故乡以及教学场所，最终将拍摄素材剪成一部 5 个小时、10 集的纪录片，在展览开幕那天首播。

这些影像连同铺陈在墙上的先生生平让后来人唏嘘不已。一位南开大学校友现在才知道，创办南开的老校长张伯苓由于为国民党政府工作过，晚年被南开校庆拒之门外，甚至死后 30 多年里，骨灰多次迁移，也不能如愿进入南开校园。这位校友在留言簿上写道："1989 年老校长（骨灰）回学校的事情我们知道。但那时并不知道他晚年受到的不公。现在的中国需要先生们回来，我们不能再让他们受委屈。"

还有一些老观众说到激动时都哽咽了。一位老者得知 10 集纪录片中还有一集属于胡适，几乎泣不成声："60 年了，终于在有生之年看到胡适出现在电视画面里。"

就连高小龙正上小学的儿子也对这些遥远的先生们产生了兴趣。起初，在父亲的要求下，纪录片他看得很勉强。可是三天过后，他竟然说了句："我还挺喜欢看的。"

高小龙感到很惊喜，问他为什么喜欢。"我喜欢看里面过去的影像，我还想知道这些先生的结局是什么。"这个 11 岁的小男孩回答。

适之伯，我来看你们了

展览开幕后，邓康延成了美术馆里的义务讲解员。一个人静下来的时候，他也担心自己的啰唆以及口无遮拦，但只要一讲起来，他就什么都忘了。同样的内容，他讲了不下数十遍，可每当讲到这些先生们凄凉的晚景时，他还得打打岔，愣愣神，"要不自己受不了"。再一抬头，观众中也有人正抹眼泪。

"他们的苦难就是中华民族的苦难，而他们的坚守，我们还没有坚守。"邓康延说。

几十年过去了，曾经凝聚过笑声与读书声的地方已经变得空荡荡。摄制组重回陶行知在重庆为战争孤儿兴办育才学校、进行兴趣教育实验的旧址时，在那所古寺里只发现了一名耳聋的老婆婆和一只与她做伴的白猫。

这位先生曾经有过众多弟子。一位80多岁的学生在采访结束后，翻出珍藏多年的陶行知手迹，捐给了摄制组。"给你们吧，给你们意义会更大，放在我这儿已经没什么意义了。我年龄已经很大了，儿子对这个东西又不关心。"

年轻人对先生们知之甚少，其实，年岁稍长的人也不一定对这些民国讲坛上的知名先生还有什么特殊印象。

拍摄开创清华"黄金时代"、参与创建西南联大的老校长梅贻琦时，正值清华百年校庆。一位来参加校庆活动、头发已经全白了的老校友听到"梅贻琦"这个名字时摇了摇头："我不太了解……"

邓康延担心，随着老人去世，街道拆除，没有影像和文字记载的历史会更容易被忘却和篡改。2011年初，《先生》的拍摄工作正式开始。"我们不是想改变什么，而是想保留什么。"他说。

负责胡适这一集的高小龙团队在安徽胡适故居里遇到一个样貌、打扮都很像农民的管理员。细聊之后才知道，这个名叫胡从的中年人的祖父和胡适是宗族至友，常有书信往来。1987年，胡适故居对外开放，为了让胡从能在这里工作，他的母亲捐出了家人和胡适往来的信件。

高小龙帮这位胡适的远房侄子买了一张去往台北的机票，邀他到海峡对岸的胡适墓园和胡适纪念馆看一看。邓康延在台北酒店第一次见到这个只背了一个黑色单肩包、皮肤黝黑的农民时，"头一下就大了"，团队经费本来就紧张，"怎么还带了这么个人来？"

谁也没想到，工作人员还在胡适故居外布置灯光、铺设轨道时，这个第一次到台湾的乡下人一个人溜进了纪念馆。一进门，这个与胡适未曾谋面的后辈、总是咧着嘴乐得牙花子都露出来的汉子，"扑通"一下跪倒，埋着头，对着胡适那幅握着毛笔、笑意盈盈的画像抽泣起来。

"先生，请问您有什么事吗？"一位女工作人员走来不解地问。

胡从依然跪在那里，两个肩膀不停地抖动。邓康延估计，这个中年人大概想起了几十年来，他的家族因为胡适而被牵连、改变的命运。

20 世纪 50 年代，大陆掀起批判胡适思想的运动。那时，胡适赋闲在美国，听说大陆出了 7 大本批判他的书，还专门找来影印本阅读，并在上面认真批注。胡适还常问正为他做口述史的唐德刚："最近有什么新材料啊？"如今，这些被胡适批注过的批判文集，就陈列在台北胡适纪念馆的书架上。

高小龙的团队还在这里找到了胡适去世时的影像。1962 年，胡适突发心脏病去世，台湾 30 万人为他送行。可在老家绩溪上庄，知道这个消息的人却没有几个。一位在外地念书的族人回家时将这件事告诉了乡亲。据说，老一辈的读书人听了摇了摇头，笑了笑，并不答话；年轻一辈的人笑了笑，摇了摇头，说"不认识"。

半个世纪后，胡从带来了家乡特有的金山时雨茶，送上迟来的心意。在台北胡适墓园里，他从怀里掏出一只保温杯，拧开盖子，把茶水洒在地上，嘴里念叨着："适之伯，冬秀嫂，我来看你们了。你家的房子，这十多年来我管理着，你同我爷爷关系那么近，你放心。"说完，他对着墓碑深深地鞠了三个躬。

邓康延一时感动，在网上发了条微博。上车时，胡从突然很紧张地跟他说："邓老师，你发的那个可能会出事。我们那边打来电话问我怎么到这边来了，我之前都没敢跟他们说。"

校长的任务就是给教授搬搬椅子，端端茶

邓康延之所以选择这 10 位先生作为第一批拍摄对象，是因为在他看来，当下最急迫的问题就是教育。这些先生在民国讲坛上的身影，"就像一面镜子立在那里，映照着还很近的光阴"。

"不管是西南联大，还是城市边缘的乡村学校，都有这样身体力行的先生们。所以我们这个民族在那种时候也有过'黄金 10 年'。"邓康延说，"先生们立下的这些规则就在那儿，可是我们现在有些熟视无睹。"

重访先生的拍摄路也有失落与伤感。拍摄清华大学老校长梅贻琦这一集时，正值清华百年校庆。邓康延想采访清华大学现任校长，让他讲讲清华发展的脉络。可是，从清华校办那里得到的答复始终是"校长忙于事务，不便接受采访"。而在台湾新竹的"清华大学"，摄制组很轻松就进了校园，并且见到了那里的校长。

几十年前，梅贻琦刚上任时曾说过："所谓大学者，非谓有大楼之谓也，有大师之谓也。"这位没有架子的校长还常说："校长的任务就是给教授搬搬椅子，端端茶。"

对于一家民营影视公司来说，门同样难进的，还有北大红楼旧址。拍摄蔡元培时，导演马莉打算拍拍老先生当年上课的地方，反映蔡元培时代老北大的风貌。可是对方告知，参观可以，但是拍摄不行，因为"这是文物保护单位，需要一定级别的介绍信"。

可就在几十年前，红楼还是个平易近人的地方。1916 年蔡元培出任校长时，北京大学被称为"官僚养成所"，学生们上学还要佣人帮忙打理。蔡元培开始推行改革。他上任第一天，校役毕恭毕敬地站在红楼门口行礼，迎接这位民国政府委派的大学校长。没想到，蔡元培竟也摘下帽子，鞠躬回礼。在场的人都很惊讶，"因为当年的校长可是个很大的官"。

最后没能进红楼，邓康延觉得有些遗憾。"在美国和我国台湾，这些资料都是免费提供的，而且人家还很热情。"他说。

旧时的人文环境不再，但近百年前蔡元培遇到的问题如今依然存在。一位年轻人参观这位老校长在上海的故居后留下这样一句话："您可知，如今，我们依旧面临如您面临的一样严峻的问题。"

也有观众参观《先生回来》的展览后，发出了类似的感叹。教育学者孙云晓站在陶行知的画像面前，对邓康延说："老先生七八十年前就在倡导生活教育，我们现在不要说遵从、发展，比70年前反而是倒退了。"

77年前，陶行知曾批评民国政府的会考制是"杀人的会考"。他曾严厉指出："学校不是教育的园地了，而是会考储备处，跟社会是完全隔绝的。"

只要有一个人还在唱这个歌谣，晏阳初就还活着

令人遗憾的是，纪录片公映时，接受采访的一些老者的名字上已经被画上了黑框。

剧作家黄宗江留在纪录片里的最后影像，是在南开中学的教室里。他站在老校长张伯苓的石像前，伸了伸大拇指。这位曾经的"南开四小花旦"已经89岁了，他皱着眉，脸上布满了老年斑，粗重的喘息声被摄像机上的麦克风清晰地收了进来。

76岁的复旦大学教授朱维铮也没有等到纪录片问世。2011年5月，摄制组第一次去见他时，这位老先生并不以为意，他的椅子甚至都没有正对着编导钱喻。但是聊了5分钟关于马相伯的教育理念后，他突然一下把椅子转了过来，精神也上来了，还帮他们介绍其他研究马相伯的学者。

那时，朱维铮已经身患肺癌，可他还有心情开自己的玩笑："马相伯之后的几个复旦校长都长寿，哎呀，我不想坐那个位置，所以我长寿不了。"

一个月后，当钱喻正式去拍摄时，朱维铮已经住院化疗了。医生不允许他外出，可为了马相伯老校长，朱维铮特意换了套颇为正式的衣服，出院接受采访。那一天，他脸色红润，身上的米色中式上衣干净平整，一聊就是两个多小时，几乎看不出生病的迹象。可现场的工作人员知道，他的

脸上不停地流汗，采访一结束就再也藏不住疲态。几个月后，他去世了。

这些老者大多保持着对过往清晰的记忆。研究梅贻琦的清华老教授黄严复已经80多岁了，他住在没有电梯的老式宿舍里，由于中风，下楼都困难。他对着镜头，含混而缓慢地讲述着梅贻琦反驳蒋介石的情景。休眠的记忆苏醒了，他讲得高兴，可是"嘴已经跟不上脑袋了"。

梅贻琦的另一位学生何兆武几乎不接受媒体采访，但是却愿意聊一聊这位老校长。镜头中的他戴着一顶鸭舌帽，裹着厚重的棉坎肩，行动不便。可90岁的他还清晰地记得，西南联大时期，风度翩翩的老校长即使在和学生一起躲日本人的炸弹时，也是"拿着张伯伦式的雨伞当拐杖，安步当车地慢慢走在后面，还嘱咐学生们不要拥挤，不要拥挤"。

这些记忆也残存于民间的角落。河北定县（现为定州市）是平民教育家晏阳初当年搞乡村建设实验的地方，那里的老人依然记得这位先生的名字。那时，晏阳初全家搬到乡下，穿粗布衣服，住漏雨的房子，和农民打成一片，教他们识字。晏阳初的妻子是中美混血，她把棒子面炒糊代替咖啡粉。

拍摄过程中，邓康延一直发愁缺少晏阳初的早年影像素材。1949年，这位先生南渡台湾，随后在东南亚、非洲继续进行乡村建设实验，渐渐消失在大众的视野中。一次坐飞机，邓康延和邻座的人聊天，对方得知了他的拍摄计划，提及自己以前做公益组织时知道晏阳初，说："我来试试，看去菲律宾能不能弄到一些资料。"

一个月过去了，就在邓康延打算放弃时，他收到了一张光盘，里面是晏阳初在菲律宾进行乡村教育的录像。在一段英文演讲中，这位老先生说到激动处，直用手指敲桌子："平民教育并不是一帆风顺的事，不是说，'哇，这是个伟大的运动，我们一股脑儿跑到乡村然后就会一帆风顺'。我们要进入他们基层的工厂，去找出什么是他们的长处、强项，把这些一直延续下去，同时找出他们的短板，帮他们在短期内解决。"

如今，河北定州市的许多老人依然受惠于晏阳初当年的平民教育思想。对着摄像机，一位80多岁的老人用手在腿上打着拍子，张口唱起晏阳初当年教给他们的歌谣："穿的土布衣，吃的家常饭，腰里掖着旱烟袋，头戴草帽圈，手拿农作具，日在田野间，受些劳苦风寒，功德高大如天，农事完毕积极纳粮捐，没有农夫谁能活天地间？"

在《中国在梁庄》一书的作者梁鸿看来，这些老人唱起歌谣时，历史因子已经被激活。"只要有一个人还在唱这个歌谣，晏阳初就还活着。民国这些知识分子的理想主义行为，就是埋在土壤间的种子，虽然被历史遗忘，但当有一天遇到合适的天气、水、阳光，还会发芽。"

先生是什么……

重寻这些隔代先生的人生轨迹，让54岁的邓康延觉得自己也变成了他们的"贴身弟子"。

有一次，他和高小龙在拍摄胡适部分时，针对素材如何取舍的问题争执起来，还拍了桌子。吵到最后，不知谁用陕西话说了一句："算了，你看看人家胡适，容忍比自由还更重要，容忍吧，不说啥了。"

30分钟的纪录片不足以展现一位先生的全部故事，邓康延于是想到办这个展览，作为纪录片的延伸。本来，他觉得为展览找一二十万元的赞助没什么困难，可找了一圈，朋友们都表示道义上的支持——"真棒！""功德无量！"最后一分钱也没有。他只能让设计公司用"最简单的材料、最便宜的手段，烘托出伟大的10个先生"——说完这话，他自己都笑了。

展厅里代表10位先生的10个人形纸板花了7000元，相比设计公司提供的另一个几万元的方案，已经便宜了不少，可邓康延还是觉得有些心疼。要是有材料，他就自己动手做了。由于经费紧张，拍摄时有编导提出去美国、东南亚取景，都被他否定了。如今展厅里的布置也一切从简，他说："虽然简单，但是先生们也应该能理解。"

这场朴素的小型展览吸引了许多追寻先生足迹的人。其中，不少是老师和学生。一个怀抱儿子的父亲一字一字念着展板上的文字，尽管他的儿子一直玩着手里的玩具模型，并没有在听。另一个父亲推着不满两个月大的儿子来参观，"希望他有朝一日能明白我今日之用心，学习先生之风骨、先生之精神"。还有一位自称是"老学生"的人，在留言簿上写了这样一行字："愿有自由新天地，还请先生早回来。"

观众中，还有中央教育科学研究所深圳南山附属学校的前校长李庆明。这位每天早上都站在校园门口冲学生鞠躬、推行公民教育的先锋校长，不久前被突然辞退，前路尚无着落。和几位学生的最后一次话别，他把地点选在"先生回来"的展厅里。

闭幕式那一天，李庆明又被邓康延请到现场。他本来没想发言，推脱不过，最后说了几句："先生是什么，可能就是马相伯说的那只想叫醒这个昏睡中国的一条狗；就是泰戈尔笔下，黎明之前最黑暗时能够报晓的鸟儿；就是黑格尔笔下，傍晚就起飞的猫头鹰，能够让人们冥思苦想；就是王小波笔下特立独行的猪……那些濒临死亡和休克的心灵，能不能在这里重新复活，我还是抱有一些幻想。"

这是李庆明在公开场合留下的最后一番"讲演"。在40多个孩子的童声《送别》中，他结束了在深圳的最后一天。

闭幕式前一天下午，邓康延也给观众做了最后一次讲解。展厅里展示的最后一位先生是陈寅恪。1966年，76岁的陈寅恪已经卧床不起，眼睛也看不见了，他差点被用箩筐抬到批斗现场。但那天最后没有人来，后来家人才知道，是陈寅恪曾经的一个学生代替他去挨了批斗。事后，有人不解地问那位遍体鳞伤的教授："这种事情躲还来不及呢，你怎么还往前凑？"他的回答是："能为先生受苦，我感到无上荣幸。"

讲到这里，邓康延有些动容。他看了看眼前这些不认识的年轻人、老人，还有显得有些吵闹的孩子，说："能够给你们讲这些，我也和那位教授一样，非常荣幸。"说完，他转身走出展厅，身后留下一片掌声。

王晶晶 / 文

2012 年 9 月 12 日

PART THREE

第三辑

有生命的课堂

拒绝廉价的批判

北京大学教授郑也夫退休前的最后一门课，是领着学生们"批判"中国教育。

这门名为"批判的教育社会学"的课程开设于 2010 年 9 月。它的独特之处在于，老师传授的是理论，但课程的核心内容却是要求学生们进行一项社会调查，"翔实地描述教育领域中的某一个博弈、现象或勾当"。

用郑也夫自己的话讲，他是"教师中一个眼光毒辣的异端，凭借身上的少许感召力，调动出一个个后生的热忱。后生来路各异，故事五花八门，其中颇多你想象不到的东西"。

比如，一所乡村学校如何倾全校之力迎接检查。

比如，一所高中如何通过鼓励学生弃考制造升学声誉。

比如，一个制造高考神话的超级中学如何以分钟计算、精确控制学生。

2014 年 1 月，这些年轻人的课程论文结集出版，题为"科场现形记"。在书里，郑也夫亮明自己的观点："中国久有科场，演至清代，习八股被冠名曰'制艺'。到了鄙俗之今人口中，高考被说成是'敲门砖'。不期科举废弃百年之后，敲门人成山成海，敲门砖诡异奇绝，便是清代科场鼎盛之时亦不可比肩。"

除了展现教育之种种怪现状，在郑也夫眼中，学生们从大学、中学、小学乃至幼儿园里带回的这些故事其实还牵涉着他未竟的社会学教学，"我希望学生可以从中训练出一种对待问题的思维，不能光从书本到书本，不要人云亦云，要养成做点实情研究的习惯，要动手动脚去调查，把现状搞得水落石出后再去发言"。

讲好一个故事，最好是一个别人没有讲过的故事

当郑也夫开始形容自己在教育领域里的角色时，他先后称自己为"怪物""边缘人"以及"超龄愤青"。

事实上，这些词的确可以概括出这位社会学教授的行事作风——他反对科研腐败，为此从来不申请国家拨钱的课题项目；他发现学校运动会上存在体育特长生冒名顶替参赛的现象，便给副校长写信要求体育部整改；他甚至不惮于公开抨击北京大学社会学系的研究生试题出得"太垃圾"——在考试培训机构的"帮助"下，连一本社会学专著都没有读过的学生也有了进入面试阶段的可能，郑也夫将此视为出题者在同考生博弈中的完败。

"老爷子不是争胜，而是争理。只要他认为在理的东西就会力争到底。"一名硕士生这样评价郑也夫。

某种意义上，正是这种性格部分促成了郑也夫在 60 岁的时候开设一门全新课程的决定。"我国是人口第一大国，攥着全世界多大比重的基因库？按照正态分布，在顶级大学里面的学生应该是才能非常之高的，能让全世界惊叹的。然而在我所接触的学生里，我没有看到足够多的优秀人才，我没有看到哪个学生对哪个门类特别上瘾，没有少年曹禺这样的人了。为什么？"

提起开课的动机，郑也夫毫不客气地使用了"愤懑"这个词，"这应该是你最熟悉的领域，不用研究就知道很多事情，如果一个搞社会学的人对教育问题失语，说不过去"。

颇具意味的是，原本郑也夫初拟的课程名称是"教育社会学"，却因为教务部要求避免课程名称重复而不得不加上了"批判的"三个字。至今，他仍然不能理解为什么两位教授不可开设同名课程，并坚持将此也视为中国教育之荒诞的小证据。他还在一篇文章中自嘲道："将风格做成标签贴在脑门上，好生无趣；以批判的旗帜邀集好事者，不失为策略。"

选课开始后不久，这门能容纳 150 人的选修课便已经满员。郑也夫从

教生涯的一个显著特点便是从来不开必修课。"凭什么我的课你就必须来，必须学？我不愿意发生这种误会，所以我只开选修课，选我课的，都是自愿上贼船，有点儿兴趣了，再加上点儿缘分，咱们就同舟共济一段。"

郑也夫上课的方法同样很特别——不管讲授什么样的课程，他的课堂一向是两个旋律并行：理论传授与学生的社会调查作业。而且，郑也夫对于学生完成一份有价值的社会调查的看重程度，丝毫不亚于前者。他曾经看过一本叫"1945 年以来的德国教育：概览与问题"的书，作者的一个观点令他印象深刻：学校教育研究，在德国长期以来是以"教育实情研究"的名义进行的。

"德国学者的话让我知道了，此一做法可以'上纲上线'。它不是一个'侏儒的'偏好，它是不可替代的，甚至堪称首要的工作。不知晓实情，谈什么道理，搞什么方案，构造什么理论？"郑也夫说。

从事社会学教学工作十几年，郑也夫发现，长期不当的教育养成的"八股思维"严重影响着一茬茬的年轻人，表现形式之一便是一写作业就愿意掉书袋。"全是大话、空话、玄之又玄的废话，言必称卡尔·马克思，要么就是马克斯·韦伯，学生读了多少书，能和哪个大师对话？不是一定要有这个节目吧？"

一位学生记得，郑也夫在第一堂课上就强调这门课"不伺候八股"，而学期作业也不是论文，而是一项实情研究，"他说想要我们讲好一个故事，最好是一个别人没有讲过的故事"。

教育应该是一种"化"的过程，它需要教会你许多准则，也需要教给你不单一的价值判断

智楠是北京大学社会学系的大四学生。一年半之前，她选上了郑教授的这门课。她记得郑也夫当时曾说过，"你们的作业不用写成标准的论文格式，做一个调查就可以"。

当时智楠通过社团活动结识了来自衡水中学的几名同学，她决定以衡水中学为调查主题。这所连续 13 年成为河北省高考第一名的"超级中学"如此有名，以至于智楠过去所在的省重点高中老师还专门前去观摩学习，回来后长吁短叹地向学生们介绍衡水中学的学习方法。此前，智楠对衡水中学的印象还停留在"跑步喊口号、升旗背古诗"这样的传闻中，她说："就觉得学校太变态了呀！"

她清楚地记得，在展开访谈之前，自己曾通过数据库查阅了关于衡水中学的文献资料，结果发现人们对它的评价往往走向极端，"校方或政府部门发表的文章往往是一边倒的褒奖，而媒体的报道则是一边倒的抨击"。

"我就是想客观地做一个记录。"智楠回忆，自己先后采访了 5 位 2010 年毕业于衡水中学的学生，他们对于学校最为一致的印象是——量化一切。

其中一位受访同学就向智楠回忆起，自己平时的作息安排是，不能早于 5:30 起床，但要在 5:36 赶到操场跑操；可以在 12:30 结束上午的学习，但 12:40 就必须躺在宿舍的床上；晚上 10:00 左右结束晚自习，但必须在晚 10:07 进入宿舍并在 10:10 前躺在床上。

这种对时间精确到分钟的控制，并不只出现在作息表上。在衡水中学，每一间宿舍的门上都有一扇小窗户便于老师检查，任何有可能被视为不按时睡觉的行为，都有被记违纪的风险。

"曾经有个同学被记违反晚休纪律，记的是'晚 10:20 某某宿舍某某床突然坐起'。反正就是'突然坐起'。"一个学生提起。而另一名学生则记得，"我睡不着就在那玩儿手指头，然后路过的老师就看见了，记'某东南下（铺）女生玩手指'"。

一位姓刘的受访者直言不讳地告诉智楠，因为早上没有时间叠被子，她几乎整整三年睡觉时都没有脱过衣服，即使冬天也只是盖着羽绒服睡觉，"在衡水中学这样的现象不是少数"。

在同学们的回忆里，衡水中学的严苛并不仅限于对时间的安排，任何有可能被视为影响学习的行为，包括抖腿、转笔、靠墙坐乃至在自习课时抬头都有可能被记过。

但令智楠感到意外的是，伴随着高考的成功，大部分接受采访的毕业生都对那段生活产生了某种认同感。一位曾经"在高中想要挑战它"的同学如今已经转变了看法，"其实，衡水中学教给我们的不是具体的知识，而是一种抗压能力"。另一个明确的支持者则提出，这种管理模式的优势在于，它能让学生在 3 年的时间里只认真干学习这一件事，他甚至表示，如果自己有了孩子，"仍然会送他去衡水中学学习"。

在受访者中，一个叫何天白的学生是为数不多的"批判者"之一。这名被保送到北京大学历史系的学生曾写过一本以衡水中学为蓝本的小说——《重点中学》。他告诉智楠，衡水中学给他带来了一些东西，却也让他失去了很多东西。"因为我写了这么一本书，所以好多人也知道了我，在人人网上加我。但是我看到一些师弟、师妹发的评论，觉得他们的许多看法我都不能理解，他们觉得这个世界非黑即白。我觉得教育应该是一种'化'的过程，它需要教会你许多准则，也需要教给你不单一的价值判断，但是衡水中学没有做到这一点。"

在这个阶段，用不着你褒贬，把事情的真实情况写出来就是最大的意义

后来，智楠给自己的作业起了一个题目，叫"学生眼中的'衡水模式'"，但在通篇文章里，她几乎没有给出任何具有价值判断的个人评价。除了引述何天白的观点，文中找不到一点"批判"的影子。

"这就是我想要的。"郑也夫说。尽管他在讲课时不乏批判姿态，但在指导学生作业时却"最忌讳批判"。

他强调道："在这个阶段，高水平的批判你还达不到，廉价的批判你就别来了，用不着你褒贬。你要做就做一个范儿比较正的东西，去呈现复杂，去表现细节，把事情的真实情况写出来就是最大的意义。"

2010 级本科生李利利记得，自己的选题是"乡镇中学的均衡生政策"。

出于惯性，她在开题的提纲里摆出了自己的预设观点，"我一开始真有看法，觉得均衡生政策治标不治本，想从公平的角度议论一下，结果就被郑老师批评了"。

"我只是希望学生们不要急于诟病某个局部的畸形，这样没有什么意义，也容易走向偏激。"郑也夫说，他更希望学生认真地做一个研究，看看这样的故事发生在怎样的背景中，"讨伐当事者大可不必。当事者有更多选择吗？"

他的提醒部分成为 2008 级本科生张灵（化名）确定选题的初衷。

2009 年，"重庆考生少数民族身份作假"事件曾经引起了轩然大波，其中有 31 个学生因为被确定为伪少数民族考生而被取消资格，其中包括当年的"重庆市文科状元"何川洋。来自重庆的张灵记得，在那场风波中，几乎所有的舆论矛头都指向了造假者，"要求曝光造假学生的名单，揪出其后台"。

"我就想，其实可以去调查一下少数民族考生的事情，这一切究竟是为了什么？民族身份为什么说改就改？后面还隐藏着什么故事？"后来，张灵通过老乡会找到了许多来自重庆的少数民族考生，其中不乏依靠身份造假而涉险过关者。

一个往届考生告诉她，担任某局局长的父亲为自己运作了更改少数民族身份的相关事宜。因此，尽管他裸分只排在第 27 名，却成功进入了北京大学在当地的 22 人录取名单。这个年轻人提到，因为加分这件事，自己对一个高中同班同学始终心怀愧疚。在那一年的高考中，那名出身农村的同学裸分原本排在重庆市第 9 名，但所有考生算上各种项目加分后，他却因为只有一个三峡库区的 5 分加分而被挤到了第 25 名，与北京大学失之交臂！

在 2009 年少数民族加分事件被曝光后，这名始终对那段往事耿耿于怀的男孩子一度想坦白自己的经历，但是最终没能鼓起勇气。他告诉张灵，在当时的重庆，各种隐性加分泛滥。其实，他们这些成绩排在前面的考生都有可能考入北京大学，却担心不办假加分会被其他办了假加分的人挤掉。

通过深入的访谈，张灵发现，在这场加分博弈中，伪造少数民族身份往往是下下策的选择，"教育资源的分配不均也体现在获取加分的能力上，大部分加分项目的分配名额都被超级中学、市区中学占据，市区学生还可以伪造国家二级运动员的身份，而对身处偏远县城的学生来说，伪造少数民族身份则是为数不多的竞争路径之一"。

事实上，这种被迫性的造假不止存在于背景相对优渥的家庭。她采访过一个来自一所县城中学的学生，这个学生的父母都是地地道道的农民，他们唯一的希望就是儿子能成为一个有文化的人。这个学生告诉张灵，在自己参加高考的那一年，重庆市区几所好中学的很多人都有国家二级运动员加分。因为怕儿子"不明不白地失去了公平考试的机会"，父母在一个少数民族聚居地为他找到了一户子女众多的人家，并设法将他过继到了该家庭名下。为此，他不仅更改了户籍，也更改了法律上的父母。

直到今天，每当申请贫困补助或者需要填写父母状况时，这个男孩子都不得不写上假父母的名字。

"网友在抨击少数民族身份造假的时候，是否想过每个考生加分背后都有不一样的故事？如果有别的路子，谁愿意通过伪造民族身份来获得加分？如果谁都没有加分，或者加分机制分配及评选公平，还有谁会背弃自己的民族，甚至更改自己法律上的父母，来获得高考加分？"

在这篇题为"重庆'高考加分门'事件的背后"的学期作业里，张灵在综述分析中写下了上面这段话。

他们的最大优势是，初进高校，中学生活的记忆依旧鲜活，而那段生活之吊诡，真的比人们的想象更离奇

在编者按中，郑也夫曾经提及自己对弟子们的期待：没有比他们更胜任写出"教育实情"的人……他们完成这些文章的最大优势是，初进高校，中学生活的记忆依旧鲜活，而那段生活之吊诡，真的比人们的想象更离奇。

"有时候连我都以为是编出来的。"郑也夫记得，有一次在看到一位学

生的作业后，他急切地要与对方见面。

"这是真的吗？是在你的小时空里发生的事吗？不是传闻吗？"他一口气抛出了3个问题。原来，这位学生讲述了这样的事：在一个边远地区的县城里，每逢高考，有权势的家长便会打听清楚谁的学习成绩最好，并安排自己的子女坐在他们旁边抄袭试卷。以至于到后来，这个县城里的优秀学生不得不纷纷以高考移民的方式逃离此地。

"这已经超出了我的想象。"郑也夫说。

最终收录进书中的学生作业共有43篇，书的封面上用黑体字印着这些话题的关键词：奥林匹克竞赛班的记忆、高考移民自述、北京示范高中的借读生、高中招生大战、一所中学教改中的导师制、寄宿教师家庭、为奥数殉葬的北大人……

教育学者杨东平在序言中，将这几十篇作品称作"对教育病的一张张彩超和CT，不动声色而深刻入微，呈现出清晰的病理，时有令人触目惊心的发现"。

令杨东平印象深刻的是一篇题为"复读与中学声誉的制造"的文章。在这篇社会调查里，作者揭示了一所西部名校的成名之路——在高考前动员那些考一本、二本无望的学生转考或弃考，从而通过减小参考学生人数的方式提高升学率，制造升学声誉。作为回报，弃考生可以免费、免试进入该校当年的复读班，而转考生则会被介绍到愿意接纳他们的学校，因为那里的"校绩"是以三本或专科上线人数来计算的。

另一篇被郑也夫津津乐道的作业是《一所乡村学校迎检过程考察》，记录的是一个乡村学校如何迎接"省教育督导室"检查的故事。

根据校领导的讲述，从5月份的动员大会开始到10月底的正式检查，在整整6个月的时间里，将近200名教师平均每天要多加两个小时班。这意味着，为了这次迎检，全校教师要足足多工作72000个小时，这相当于一个人9000个工作日的工作量。

时间被用在了哪里？答案是素质教育。

据接受采访的教师回忆，为了符合上级的要求，学校需要新建造十几个专室，包括音乐室、美术室、微机室以及图书室等，而这些工作在此前全部处于空白状态，"学校只看升学率，根本不会关注那些所谓的素质教育的话题"。

除了时间，金钱是顺利迎检所必须付出的另一项成本。

"检查说白了就一句话——钱花够了没有。花够了就万事大吉，没花够就凡事遭殃。"在访谈中，县教育局的办公室主任提到，检查经费的开支包括基础建设、招待费用以及打点领导的送礼费用。事实上，据县政府的办公室主任回忆，就在检查之前，县长曾经专门去过省里一趟，"拜访"教育厅的几位领导干部，"其实就是到省里送礼去了，主要目的是为后面开展工作做铺垫"。

值得玩味的是，一旦"准备工作"做到位，检查当天的工作便简单起来——足足准备了半年之久的检查竟然只持续了短短的几个小时。在一番汇报之后，督导小组给出了颇高的评价，尽管他们并没有看到学生——为了避免检查小组与学生接触，学校临时将课间休息的时间提前了 10 分钟。

郑也夫对这篇作业给出的评价是：如果你不谙上级检查组对学校的视察，还算不上了解吾国教育的生态。

我希望他们上了这门课，能够成为有独立思考能力、有生机的人

这门课讲完第 5 轮的时候，郑也夫也到了要退休的年龄。

看得出来，63 岁的他仍然很留恋这个讲台。他会兴致勃勃地讲起自己是如何在粉尘飞扬的黑板前，将学生们报来的题目写上个几百次，点评个几百次；他也会哈哈大笑着回忆，每逢期末打开邮箱，"发现'哎哟'这么厚的一沓子作业"；他还津津乐道于同事对自己开的玩笑——"没有调查费，也没有课题费，恐怕只有你才能把他们忽悠成这样"。

"这只是一门选修课，所以我和学生们的深入接触并不多。但我希望他们上了这门课，能够成为有独立思考能力、有生机的人。不盲从一个东

西，就说明已经上路，就好办了。"谈起自己教师生涯里的最后一门课，郑也夫这样说。

2007 年入学的褚文璐是郑也夫这门课的第一批学生之一，她后来成了郑也夫的研究生。她坦承，上大学之前，自己是个不太爱思考的学生，"对主流话语比较信服，就连高考报志愿的时候也是随大流选的经济学"。"经过那门课的训练，如今我对一些社会现象不会再那么习以为常了，我觉得自己活得更明白，也更聪明了。"褚文璐说。

同样是在研究生阶段开始深入接触郑也夫的李海蓉，也对那门以"批判"为主题的教育社会学课程印象深刻，"他说自己愤懑，但我觉得愤懑只是态度，他想带给我们的东西是理性"。

李海蓉来自农村，接受采访时她正在老家过年，电话里还能听到公鸡打鸣的声音。在郑也夫的课上，她的选题是"台湾高校与北大的比较"。借着操作选题的机会，她结识了多位来自台湾的北大学生。在对他们的访谈中，李海蓉第一次知道了什么是 NGO（非政府组织）。也第一次了解到，在台湾学生的暑期生活里，"做义工是比学习更重要的事情"。

"在此前的大学生活里，我从来没有这样系统地去了解过其他大学里的事，更谈不上反思自己的大学生活，于是逐渐认为一切都是自己所见到的那样，一切都是理所当然。"在李海蓉看来，这门课让她有了不一样的眼光，"不再把学习看作评判教育成败的唯一标准"。

与她们不同，2010 年毕业的汤宁如今已工作了 3 年多，但她依然能清楚地记起，郑也夫喜欢说自己是"精神的贵族"，还经常告诫学生要多给思想"做体操"。她说，郑也夫教会自己很多东西，比如"生活上的顺从和精神上的批判可以同时存在，顺从不意味着要被洗脑"。

事实上，这些年轻人大多不知道，这个嗓门很大、坐在教室最后都能听见他声音的"超龄愤青"已经退休了。他们也并不知道，为了上这门课的学生们的作业可以结集出版，郑也夫先后找了好几家相熟的出版社，"我说'如果你们想出版我的新书，就得把学生们的作业也捆绑出版'"。

某种意义上，将每门课的学生作业结集成书，已经成了郑也夫的习惯。加上这本《科场现形记》，他已经为学生编辑过 16 本文集。"就当是留下一份沉甸甸的记录吧。回过头来看，我们很高兴，我们很踏实，我们没有虚度。"

五六年前，清华大学法学院的王亚新教授对他说："你学生的文集，是我课上的必读书。有时候读他们的文章，比读你的书还有乐趣。"2013 年，北京电影学院副院长谢晓晶也找到郑也夫："我要求我们学习写剧本的学生必须来看你的学生们的文集。时下的剧作家总是胡编乱造一些故事，根本不知道中国社会正在发生什么。"

当捧着《科场现形记》讲起这些往事的时候，郑也夫高兴得像个孩子。

林衍　实习生刘晓萌　陈墨 / 文
2014 年 2 月 19 日

生死课

哲学教授王一方在北京大学医学部教书。这学期一开课，他在台上提问："我今年55岁，你们今年25岁，你说咱们比起来，谁离死亡更近？"

台下近200张年轻面孔看着已经谢了顶的教授，哄笑一片。"你们都笑了。我比你们老，好像我比你们更接近死亡。"王一方接着说，"可是，死亡的偶然性决定，我们跟死亡的距离是一样的。"

这是一堂主题为"死亡"的课程。在这里，没有一味地抹眼泪，也没有惊慌失措的恐惧，大家坐在一起，心平气和地讨论一个问题——既然死亡是生命中不可回避的节目，我们该如何面对死亡？

事实上，"死亡课"出现在世界的许多地方。在上海的复旦大学，在香港中文大学，以及在美国的耶鲁大学，不同背景、不同肤色、不同性格的老师站在学生面前，以各自不同的方式，讲述着死亡的意义。

"我们在课堂上会传达关于死亡的不同观点，希望引发学生针对平时不怎么会去思考的话题进行讨论，让他们去反省当下的生活。"香港中文大学讲授"死亡课"的陶国璋教授说，"关于死亡，我们没有正确答案。其实死亡没什么好教的，存在才值得教育。我只是希望，在课堂上讨论了这些故事后，每个人都能找到自己的价值。"

我们能够公开讨论死亡的地方，居然那么少

在所有的"死亡课"中，耶鲁大学教授雪莱·卡根的"死亡哲学"可

能是最有名的一个。他的课程录像被放在网络公开课上，获得了数亿次的点击量。

"我本来从没想过要开一门关于死亡的课程，但是我发现，我们能够公开讨论死亡的地方，居然只有教堂和医院。"卡根说，"这太荒谬了！渐渐地，我们对于死亡的理解变得同质化，变得只跟上帝有关，只跟医学技术有关，但是抛开宗教和医学，死亡究竟是什么，我们居然没有一个平台可以讨论，这让我很不满意。"

于是，卡根开设了这门叫作"死亡哲学"的公共选修课。上课的时候，穿着牛仔裤和球鞋的他不准学生管他叫"卡根教授"。他喜欢学生叫他"雪莱"，他还喜欢像参加聚会一样，盘腿坐在讲桌上，跟学生们分析死亡。

"我是个哲学家，所以我的工作就是……呃，坐在这里跟你说话。"卡根盘着腿坐在讲桌上，摊着手说，"你不要跟我讨论社会学角度下感人的死亡故事，也别跟我说美国的殡葬业有多暴利。反驳我的时候，不要说'因为上帝是这么说的'或者'神是这样安排的'。在这间教室里，我们只讨论死亡的哲学话题，用哲学的方式。"

北京大学的王一方在网上看完了卡根的课程录像，感受简单而强烈。"太长了，太学院派了，太像个哲学家了。"他总结说，"这法子不太灵。"

在王一方的"死亡课"上，他曾经邀请儒家学者来讲"孔子的死亡观"，为了讲得有深度，他还特意请了一个"特别有名头的哲学家"。结果，台上的哲学家一口气讲了 3 个小时，台下的学生安安静静，下课后王一方一打听，"都没听懂"。

"死亡教育是一颗发苦的可可豆，你叫人吃苦，他是不会吃的。我们只能加点糖，加点奶，搅拌搅拌，把它做成巧克力，人们才会愿意吃。"王一方说，"只要让人们吃下这颗巧克力，他们就会自己去体会里面苦的味道。"

不过，虽然王一方也想跟卡根一样开一门独立的"生命哲学"课，但现在，他的身份其实是教马克思主义哲学的教授。他给本科生开的那门课，叫"自然辩证法"，给博士生开的课，则是"中国马克思主义与当代"。按照教学大纲，他应该在课堂上按条目讲解"自然观、世界观、价值观"，不过热衷研究生死话题的他，每次上课都要"偷偷运点私货"。

在他的马克思主义哲学课上，他讲的马克思不是那个"恨不得天天指点江山的高大伟人"。"马克思是个病人，你知道吗?"王一方说，"他不仅是个病人，还是个病人家属。"

这个做医学叙事学分析的老师翻出来马克思的私人书信，有理有据地分析着：马克思的一生都在跟死亡打交道，今天妻子生病了，明天女儿去世了，自己还落了一身病，抽烟、酗酒、熬夜，又得肝病又犯痔疮，一辈子没有几天清静日子，天天跟死亡做斗争。在他写给恩格斯的信里，说得最多的不是革命理论，而是借钱治病。往往他大费周章地寄信过去，只是为了提醒恩格斯还他 2 英镑的稿费。

"第一堂课讲完马克思的死亡观，后面基本上就没人逃课了。"王一方笑道。

这个时代似乎缺乏生命的沉重感

陶国璋是香港中文大学的哲学教授，他教授的"死亡与不朽"这门课程已经开课 20 多年。上他课的学生比王一方的学生更年轻，大都是刚上大学没多久的本科生。每次一上课，陶国璋看着台下年轻的面孔，都会开玩笑地跟他们说："大家怎么这么想不开呀? 你们才这点年纪，就都跑来学习死亡了?"

跟其他死亡课老师不太一样，陶国璋之所以教授这门课，跟自己的经历有很大关系。他 7 岁的时候就患上了肾病，39 岁那年又动了肾脏手术，被疾病折磨了许多年，"有好几次跟死神打了声招呼"。

因为生病，陶国璋常常一个人在医院养病。在那时候，他看了好多死亡主题的电影，阅读了许多关于死亡的哲学经典。他读到了尼采的话："如果一个人在世界上找到了一个活下去的理由，他就能够面对任何困难。"所以直到现在，碰到跟死亡有关的新闻，他还会停下来想一想，为什么要活下来，为什么不能放弃。

让他意外的是，当他回到学校教书时，发现那些健康的年轻人竟"对价值有一种失落"。他们动不动就放弃，有的因为情绪波动就放弃考试，有的没读完大学就坚持要退学。

陶国璋说，年轻人的放弃让他很担心。"每个时代的人都会死，但我们这个时代却似乎缺乏生命的沉重感。我想，年轻人这么轻易就放弃了各种丰富的生命体验，跟他们对自我价值的理解有关。生命似乎轻得着不到地。"他说，"死亡其实是'生的局限性'，是生命的参照物，不理解死亡，就难以找到生命的价值。"

于是，陶国璋在一共 13 节的死亡课里，邀请不同背景的人，讲述各自视角下的死亡——佛学研究者讲述佛家的死亡，医生跟学生讲"什么才算好死"，甚至还有殡仪馆的工作人员在课堂上跟学生分享真实的案例。

"宗教对于死亡有一个明确的答案，但是在通识课上讲死亡，我还是更希望用不同角度，增加他们对这个话题的思考。"陶国璋说。

在复旦大学，讲思想道德修养的胡志辉开了一门叫作"生命教育研究"的课程。2005 年开课时，他被问到最多次的问题就是："什么叫生命教育啊？"

胡志辉说，他追求的是"生命化的教育"。他上课的方法很特别——学生做主导，由他们自己去挑要讲什么话题。

在几次课上，学生主动提出，聊聊死亡。在一个坐了 20 人的小教室里，学生们自己站起来讲生活中曾经遭遇的死亡——哥哥自杀，同学跳楼，亲人病逝。

"我在课上不讲理论，主要让学生自己去分享人生经历。我觉得对一个人影响最大的是他自己的人生经验，所以在这样的课上，我们分享彼此生命中沉重的人生体验，看到人性的丰富多彩，相互分担。"胡志辉说，"这里不会告诉你一个答案，而是告诉你该如何承受死亡。通过看到不一样的生活，我们丰富了自己的生活，加深了对生命的理解。"

尽管如此，对于死亡的零星讨论还是略显单薄。虽然胡志辉也想多讲讲关于死亡的话题，但是由于他的课程奉行学生主导，所有话题都是学生选择的，所以，超过一半的话题都是"爱情"，只有星星点点的几节课在讨论"死亡"。

"看来，爱情比死亡更坚强。"胡志辉调侃地说。

我们对死的恐惧，其实变成了对生的恐惧

王一方也喜欢让学生自己讲故事。比如讲到人类学视角下的死亡，他就会请农村来的同学，给大家讲讲村里的死亡故事。

在记忆里，他在农村几乎每个月都能碰到"村头故事"——村子里有人去世，家里人会在村头办丧事，请人敲锣打鼓，找戏班子搭台唱戏。亲人披麻戴孝跪在逝者周围，晚辈去磕头，乡里乡亲去随点份子钱，送逝者一程。最后村子里的人聚在一起，唱大戏，放鞭炮，热热闹闹地吃一顿大餐，算是向死者告别。

所以，在村庄里，死亡并不完全是一件令人悲痛的坏事。通常情况下，如果丧事办得好，家里人还会感到安慰和满足，觉得逝者"走得挺风光的"。

王一方发现，一说起这些"村头故事"，来自城里的学生都不怎么说话，"看上去都挺惭愧的"，因为他们住在城里的单元房里，有时候有邻居去世，常常过了很久他们都不知道。

"'村头故事'对于我们每个人来说都是一种'死亡脱敏'。它告诉我们，'死亡就是夜幕降临'，'回到祖宗的怀抱'，没什么好害怕的。我们当下之所以恐惧死亡，是因为死亡被现代医学恐怖化了。一提到死亡，就联想起病人躺在 ICU 里痛苦地插着管子的样子，每一口呼吸都消耗大量金钱，每一秒心跳都可能导致亲人倾家荡产。"王一方说，"失去了

'村头故事'后，我们对死的恐惧，其实变成了对生的恐惧、对经济负担的恐惧、对人伦关系的恐惧。"

这位哲学教授感叹："村庄的沦陷让死亡成了'躲在暗房里尚未感光的思想底片'，我们失去了'村头故事'，也就失去了直面死亡的通道，失去了思考和理解它的'感光机会'。"

为了让死亡"感光"，陶国璋也在课堂上鼓励他的学生去参观殡仪馆，到解剖室触摸尸体。一开始只是课堂建议，结果没人去；后来他给这个参观加了一个学分，还是好多人不愿意去；最后，陶国璋"掌握了上课技巧"，立下规定，要么参观殡仪馆，要么写读书报告。结果，"学生们都去抢到殡仪馆参观的巴士座位了"。

"我告诉妈妈上课要去参观殡仪馆，结果换来她的质疑，'这是什么课？这地方有什么好去的？'"陶国璋的学生在参观后写信给他说："我到了那儿才发现，光是棺材就有不同价格、不同年代、不同款式（中式或西式）、不同付款方式（一次结清或分期付款），原来死亡也有这么多讲究。"

陶国璋发现，年轻人其实对死亡很好奇。有次上课上到一半，他带着学生到距离教室不远的解剖室参观。本来想着待上十几分钟就回教室，结果一下子待了45分钟。原本以为学生们会恐惧冷冰冰的尸体，但他们却真的伸手去触摸实验室里的解剖样本，还团团围住管理员，好奇地问各种问题——这些供实验室解剖的遗体都是哪些人捐赠的？捐献的遗体能做什么实验？有什么用？

当然，也有学生不能接受这样的课程。"我要是知道得去殡仪馆，我就不选这门课了。"一个上过"死亡与不朽"课程的学生说，"我当时选这门课，可全是因为它不用做课堂报告啊！"

不过，这个避讳谈及"死"的学生直到现在都还记得，在课堂上第一次看到电影《入殓师》，了解到死亡之后还有许多庄重的仪式。虽然直到现在他还是会把"殓"字念错，但他说，这是他第一次知道，"原来死亡不是终点，后面还有这么多故事"。

要记住，我们对待死亡有两面，一面是抗争，一面是妥协

并不是所有人都喜欢上"死亡课"。在美国哥伦比亚大学读医学博士的中国留学生小邓说，自己也上过这门课，但是觉得很无聊，能逃则逃，因为这种课"效能太低"。

"医学告诉我要'改变死亡'，你上个死亡课告诉我要'接受死亡'，这不是和医学精神背道而驰吗？"小邓说，"我有那工夫还不如去学点技术，想着怎么早点把人治好呢！"

这个在肿瘤科实习的医学生说，第一次亲眼见到死亡，是在面对一个肿瘤终末期的病人之时。因为病情反反复复，死亡其实是个"没完没了"的漫长过程。他说，当最终看到病人的生命体征消失时，他心里只有一个念头——"这就是死亡，不过如此"。

"你能在课上讲那么多道理，完全因为那不是发生在你身上的事情。当你自己面对死亡的时候，就只有 0 和 1，简单粗暴。"他说。

王一方在课堂上要面对像小邓一样的年轻医学生。有次他在课上讲"马克思之死"：凌晨两点，恩格斯下楼跟人说了两句话，上楼一看，马克思坐在摇椅里，因为呼吸衰竭，在短短两分钟内猝死。

听完这一段，台下的医学生一脸羡慕地跟王一方说："马克思能这么死就挺不错的了，至少不用躺在病床上受罪。"

小邓说，他在医院病房里经历的死亡，大多意味着体力活儿，抑或是一场令人疲惫的拉锯战。每次值夜班，隔不了几十分钟他就会被叫起来，急匆匆地推着医疗推车冲进病房，按照标准在病人胸口按压几次，再根据流程胸外电击几次，来来回回如是往复，往往折腾了一整夜，只是在重复单调枯燥的医学操作。有时候他觉得自己面对的似乎不再是具体的"人"，而是标注着疾病指征的"病"。

"现在医学技术的进步，将死亡的定义颠覆了。今天的医学几乎可以让我们实现'永不关机'。你可以给病人插一根管子，在机器的帮助下让

他一直维持生命体征。"王一方说，"今天的死亡几乎完全变成了一个技术抢救的过程。冲着 1% 的希望，花费 100% 的努力。没有人性的照顾，没有让病人跟亲人道别的过程。"

所以，他常常在课上对台下那些未来的医生说："你们一定要记住，我们对待死亡有两面，一面是抗争，一面是妥协。现在你们是战士，面对死亡只能抗争，不能放弃。可真正的好大夫既要做战士，又要做将军，既要有魄力发布总攻令，也要有智慧签署投降书。"

然而，跟死亡妥协的经历，却让小邓这样的医学生难以避免地感到烦躁。他所经历过的最难忘的"死亡课"，是来自临床工作中遇到的一位患肿瘤的老人。那是凌晨一两点钟，小邓一次次被护士叫起来，冲进老人的病房，一遍遍重复没完没了的技术操作。躺在病床上的老人每次苏醒过来，就虚弱地小声鼓励小邓要努力学习，医生的工作很有前途。虽然小邓累得额头冒汗，结局却并没有因此改变，死亡还是不可避免地到来了。

到了生命的最后一刻，老人看着被自己折腾得一整夜都没法睡觉的年轻人，用仅剩的一点力量，轻轻捏了捏小邓的手，艰难地说出他人生最后一句话："抱歉。"

如果站在死亡的角度重新审视周围的世界，很多事情都会呈现不一样的图景

在卡根的"死亡课"上，曾有一个特殊的学生——入学的时候，他就被诊断为癌症晚期。医生告诉他，他也许没有多少日子了。尽管如此，他还是许下心愿，要完成大学学业。这个男生选了尽可能多的课程，其中就包括"死亡哲学"——一个他即将面对的课题。

虽然知道课上有这样一个特别的学生，但卡根并没有太过留意这个男生。不过他也发现，越来越多的学生像这个男孩一样，对他的课充满了好奇。

卡根说，他在耶鲁大学一直是个默默无闻的哲学教授，但是去年他到北京大学开会时才发现，"我好像突然变成了摇滚巨星"。在这里，有人找他合影，有人管他要签名，甚至回到耶鲁，路上遇到中国学生，还有人兴奋地拦住他，一边看着他一边给同学打电话，让他跟电话那端的人说，"我是那个教死亡课的雪莱"。

卡根和妻子好奇地上网搜索答案，看不懂汉语的他还拿谷歌翻译中文网页。结果他发现，不仅在中国，"在亚洲我好像特别有名"——他关于死亡的书在美国销量惨淡，却在韩国登上了畅销排行榜，韩国媒体甚至给他取了个名字，叫作"桌上的大仙儿"。

"我不知道为什么中国人会这么喜欢我的课，要知道，那可是一门哲学课。"卡根说，他常常劝看过录像的学生不要选自己的课，因为他怀疑选课的学生不是真的想要了解死亡，而只是希望自己以后能在简历上写一句很酷的话——"我学过死亡，我的死亡得了A"。

后来有一次，卡根在高速路上开车时遭遇车祸。当两辆车就要相撞的时候，卡根说他立刻意识到"我很可能要死了"。

"那时候，我脑子里闪过的第一个念头是，'错了，上课的时候我说错了'。我意识到，原来任何人在任何时刻都有可能死亡，而当死亡真的到来时，坐在讲桌上讲的那套逻辑是行不通的。"卡根回忆说。

最终逃过一劫的卡根出院回家后，立刻翻出自己的教程，动手修改他的论证逻辑。

事实上，如果站在死亡的角度重新审视周围的世界，很多事情会呈现不一样的图景。王一方开了一门叫作"中日对决与中日生死观"的课程，带着他的学生用生死观去反思现实的冲突，"哄"着他们去思考死亡的意义。

"你不要简单地做一个仇日派的愤青，你要去做个知日派，去了解日本人如何看待生死。"王一方说，"日本人的残忍、坚韧，都来自他们的生死观。"

不过，这样的教学模式并不讨所有人喜欢。每学期督导组来旁听，都

■ 要跟王一方嘀咕，比如："王老师你这样不行啊，你上次讲乔布斯去世，这次又讲曼德拉过世，这样不够标准化啊！你得按大纲来，算清楚每节课涵盖多少知识点，每个知识点依次讲多少分钟……"

还好，同去听课的评课老师都力挺他。虽然哲学课被"砍课砍得很厉害"，但他的课却得到了这样的评语："不用改，这样挺好，就得这样。"

让死亡拥有多种正确答案

在讲了20多年"死亡与不朽"后，到2014年7月份，陶国璋就到了退休的年龄。

"学生们大概以为我要退休，下一学年就不上这门课了，所以这学期还没结束，下学期的课程现在已经选满了。"陶国璋说着笑了起来，"可是我还没想好呢，我还有很多事情想做，我还不想停下来。"

卡根也从教授"死亡课"中获得了很大的乐趣，其中之一就是每年期末翻看学生给他的评语。

他说，几乎每次评语"里面都充斥着一对对反义词"——既有"雪莱你的课真的太好了，我受益匪浅"，又有"雪莱你的课简直糟透了，我来上课真是浪费时间"；有人形容他"极有逻辑"，有人说他"毫无逻辑"；有人赞这堂课"妙语连珠"，也有人批评他"全是废话"。

"我的目标是，让你们在这里尝试去思考死亡。"卡根说，"至于死亡本身，我本来也没准备给出一个唯一的正确答案。我只希望你们可以在这里找到思考的方法，真的静下来跟我一起想想'死亡'这个问题。"

而身在北京的王一方跟大洋彼岸的卡根也有着差不多的念头。他对"死亡课"的状态挺满意——哲学从逃课重灾区变成了旁听大热门，这已经是胜利了，更何况在他看来，至少有三分之一的学生是在很虔诚地参与思考，寻找他们自己的"灵魂觉悟"。

"我追求的是灵魂的发育，而不是知识的灌输。"王一方说，他最后也不期待什么考试，只要学生写篇文章，说明白自己心里在想什么，这就行了。"我不需要你告诉我死亡的定义是什么，大多数人要到了 45 岁以后才开始真正思考死亡这件事，我就期望你可以在 25 岁时试着面对一下 45 岁的问题，自己去思考。"

不过，跟着他上了一学期的课后，有些学生也变得像他一样，一张口就文绉绉的。临结课的时候，他们还能学着王一方的样子，背出史铁生的句子："死神就坐在门外的过道里，坐在幽暗处，凡人看不到的地方，一夜一夜耐心地等我。"

那次车祸恢复后，回到耶鲁的卡根非常希望见到那个同样跟死亡打了照面的癌症男生。但是，这个学生的病已经进入终末期，不得不回家，躺在床上，度过生命的最后几天。

学校专门派他所在学院的院长到他家里，在他的床前，向他宣布毕业的消息。由于他已经进入病危阶段，每隔一会儿就会陷入昏迷，失去意识，院长便耐心地坐在床前，等待着每一次他苏醒过来，一字一句地为他宣读已经取得的成绩。

在经历了许多次昏迷和苏醒后，成绩单终于念完了。院长对躺在病床上的他说："你获得了足够的学分，从今天起，你是一名耶鲁大学毕业生。"

不久后，这个学生去世了，卡根去参加了他的葬礼。在那里，他第一次了解了这个似乎很熟悉又似乎很陌生的学生。他的同学告诉卡根，因为知道自己的每一天都有可能是最后一天，这个学生就像突然获得一天假释的囚犯一样，比任何人都更加用功，他拼命学习，拼命想要留下大学的记忆。他比其他人更加"敢于尝试所有的人生体验"，"因为他知道，自己拖拉不起"。

到了期末，当卡根要给每个学生评分时，在成绩单上又看到了这个男生的名字。虽然卡根知道他生前多么用功，可是已经去世几个月的他由于缺席了后半学期的课程，缺席了期末考试，缺席了小组讨论，分数达不到"死亡哲学"这门课评分的许多项标准。

卡根说，他犹豫了很久，最终还是决定，按照课程标准，给他评分不及格。"没办法。"卡根说,"在这件事面前,每个人都是一样的。"

于是,在这名特殊的耶鲁大学毕业生的成绩单上,他的努力和用功为他赢得了大部分课程的学分,但是在"死亡"这门课上,他最终还是没能通过,他的"死亡"并没能得到一个 A。

李斐然 / 文

2013 年 12 月 25 日

爱情课

台湾民谣歌手黄舒骏开演唱会，上台对观众说："有许多专家告诉我，要以理性的态度谈恋爱。我常想，这些专家应该从来没有谈过恋爱。"他跟台下观众一起笑了起来，"不信你试试看，谈恋爱你还会有理性？我想，那大概是假的。"

台下，观众热烈鼓掌。这一幕连同他的演唱，被一起收录在他的音乐专辑里。后来有一天，他的母校——台湾大学的老师孙中兴在广播里听到这首歌，一下子来了兴致。因为这位社会学教授，就是那个教人"以理性的态度谈恋爱"的人。

事实上，讲授"爱情"的专家很多，有香港中文大学的哲学教授、复旦大学的心理学博士，还有华东师范大学的马克思主义哲学教师。哈佛大学将"男人来自火星，女人来自金星"的"爱情理论体系"加入了课程表，麻省理工学院也找来哲学家开讲"爱的本质"。甚至，在全球讲"爱情课"的教师队伍里，还有来自阿富汗的同行。

这些"以理性的态度谈恋爱"的课程有的叫作"爱情哲学"，有的叫作"爱情社会学"，还有的干脆直接叫"婚姻与爱情"。它们在课上需要解决的学术问题，其实跟黄舒骏歌里唱的是同一个——恋爱症候群。

关于恋爱症候群的发生原因，至今仍然是最大的一个谜

在香港中文大学，哲学教授陶国璋主讲一门叫作"爱情哲学"的课程。这门课他教了 5 个学期，可总不太满意，因为爱情这件事根本就和黄舒骏歌里唱的一样，"至今仍然是最大的一个谜"。

这个同时教"死亡与不朽"课的老师说，教授死亡哲学的时候他思路很清晰，前人的资料分析也很全面，可是面对爱情，却不知道该如何教才好，"不容易教"。

"学哲学的人好像总是很难去分析爱情问题。要我们分析自由，还能多点理论。可是，哲学家对爱情非常陌生，因为理性的人对爱情这种感性的事情还很难把握。"陶国璋对《中国青年报》记者说。

他还算了一下，哲学家就没有几个会谈恋爱的，"柏拉图没有结婚，而尼采、叔本华对爱情则持一种瞧不起的态度，不知道他们谈没谈过恋爱，但最终都没有结婚"，"总之，哲学家对于爱情都不是很在行"。

他跑去参考其他人的"爱情课"，发现有教人恋爱策略的，有给人讲沟通技巧的，他甚至还在网上看完了孙中兴的课程录像，也读完了哈佛大学正推崇的《男人来自火星，女人来自金星》，可是看了一圈，没有一个能从哲学角度把爱情讲清楚。

他还将法国符号学家罗兰·巴特的名著《恋人絮语》翻出来研究。这是作者在 70 多岁时写下的著作。虽然陶国璋也觉得这是"对爱情最有分量的分析"，但读完书他更发愁了——这教材怎么用呢？在这本"爱情的解构主义文本"里，连个完整的故事都没有，"通篇都是恋爱中的人们说的胡话"，像恋爱一样毫无逻辑。

最后，陶国璋好不容易看到麻省理工学院的课程——"西方世界的爱情哲学"，主讲人是哲学界非常有名的欧文·辛格，写过对爱情历史进行考据的著作《爱的本质》，可是陶国璋看完课程录像后更失落了，他甚至会在跟别人推荐这一课程的时候提醒道："很闷的。"

找来找去，这个哲学教授发现，"爱情"居然是哲学教育领域的研究空白。

"我一开始开这个课的时候，感兴趣的并不是爱情故事，而是一种哲学挑战。在哲学上，人们对自由、死亡、民主都谈得很多，但是很少有人对爱情做哲学分析。"陶国璋说，"大概因为哲学家感情经历比较苍白，喜欢讲道德的爱，但是很少讲儿女私情。数得上的只有柏拉图式的爱，但那还是个精神恋爱。"

于是，他决定自己着手研究，"把爱情当作哲学命题进行严肃分析"，管自己的课程叫"爱的哲学分析"。可是，之前同事替他定下的课名"爱情哲学"已经吸引了大批同学选课，成了校园最火爆的课程，导致每次开学时他不得不跟学生先表态："抱歉，这个名称好像有点误导大家。"

"这门课蛮火，应该都是被名字骗来的。"陶国璋笑着打趣说，"第一节课最多，大家都要坐在楼梯上。然后越来越少，越来越少，最后就只剩下需要拿学分的同学留下来考试。"

尽管如此，每年一开课，没上过这门课的学生还是涌进教室，跟这个严谨的哲学教授一起研究爱情。他们需要完成长长的读书清单，还要阅读爱情名著，偶尔轻松一下，上课看看轰轰烈烈的爱情电影，可接下来就得去试卷上面对这样的考题——"请问，影片中男女主角之间的关系为什么会发展成这样？请做出哲学分析。"

一般发病后的初期反应，会开始改变一些生活习性，洗澡洗得特别干净，刷牙刷得特别用力，半夜突然爬起来弹钢琴

在台湾大学，教"爱情课"的孙中兴也是学校的选课王。每次开学的第一堂课，央求他"加签"（加入选课名单）的学生总是挤满了教室。他不得不在黑板上提前用粉笔大大地写上课程规则，一边是"欢迎旁听"，一边是"不要求我"。

"这门课是'爱情社会学'，不是恋爱课，不是爱情心理学，连课名都说不清楚的话，请不要来上这门课。"在这两行大字底下，留着白胡子的孙中兴摇着扇子，如登台说相声一样跟同学说："恋爱的，失恋的，没谈过恋爱的，都欢迎来上课。只不过你要是还没谈过，拜托你抓紧时间去谈一场恋爱再来做文本分析。谢谢。"

同样教"爱情课",孙中兴就不像陶国璋那样找不到内容,相反,这个美国哥伦比亚大学毕业的社会学博士拥有超级多素材。

"我上学时修社会学理论,最喜欢看的就是社会学家的八卦。我会去研究这个人有几次外遇,他有没有发过疯,这些跟他的理论都有什么关系,我就是这样一个奇怪的人。"孙中兴对《中国青年报》记者说,"我的老师说,社会学家都是对什么问题有困扰,就会变成那个方面的专家。他对家庭有困扰,于是就变成家庭社会学家。按这个逻辑,社会学家对爱情有困扰,应该也会变成爱情社会学专家。"

他喜欢观察年轻人的爱情,还会像学生一样听情歌,看爱情电影。有次学生特意把黄舒骏那首《恋爱症候群》的歌词拿给他看,844个字,"道尽爱情辛酸",可是他只记住了一句话——"刷牙刷得特别用力。"

在自己的"爱情课"上,孙中兴虽然也会讲解严谨的社会学理论,但他更喜欢搞一些谜一样的小名堂。比如,每节课他都要穿一件印着大学LOGO的T恤衫,第一堂课是哥伦比亚大学(Columbia),第二堂课是哈佛大学(Harvard),因为他想用每一件T恤衫的首字母,凑出自己的名字:Chung-hsing Sun。

可惜,T恤衫上的LOGO拼着拼着就缺字母了,而天也转凉,他就只能穿连帽衫了。不过,玩心重的他还是会继续搞名堂。他在讲台上放了一个卡通盒子,鼓励学生丢匿名纸条给他,拿感情困扰向他发问。

"怎么熬过分手后的痛苦期?"孙中兴念着小纸条上的字,一本正经地抬起头说,"念书学语文啊!像我失恋时德文学得很好,谈恋爱时日文学得一塌糊涂。"

更多的名堂,来源于他在课上布置的许多"随堂小作业"——准备一个笔记本,把自己的恋爱故事写成"爱情事件簿",最好图文并茂,欢迎附带纪念物;认识全班的每一个同学,并问他/她3个问题……但是,不可以上来就问电话号码;去月老庙参观,以及,跟一起去的同学在附近吃个饭……

其实，孙中兴自己早就默默算好了，班上有近百个学生，这种作业可以让他们相互认识，这是多难得的恋爱机会！"老师只能帮你们这么多了。"他说。

"我的目标是，以后竞选月老！"胖胖的孙中兴在课堂上摇着扇子，信誓旦旦地勾勒着未来的图景，"等以后你们到庙里烧香拜佛求姻缘，抬头一看，哎哟，孙老师！"

可是，竞选月老的前景却不太乐观，主要在于学生的表现让他有点焦虑。有一次，他出了个测验——给每个学生发一个鸡蛋，这个鸡蛋代表自己的爱情，他请学生们用一个星期的时间来守护爱情。

结果，还没等学生们交作业，孙中兴就嗅到了不靠谱的气息：有人领到鸡蛋就直接揣裤兜里，转身回座位的路上鸡蛋已经被磕破了；有人没几天就忘了"守护鸡蛋"，随手将它做成炒蛋吃掉了。他甚至好笑地发现，自己发了一个白鸡蛋，有人交还回来的却是咖啡色的蛋，"冰箱里那么多鸡蛋，谁能记得哪个是你发的爱情鸡蛋？"

"我说你们，对爱情怎么就这么不重视！重点是，这鸡蛋全部是我出钱买的呀！"他假装气鼓鼓地笑着说，"喂，同学你搞搞清楚，我可是月老候选人啊！你们要认真谈恋爱，不要给我扯后腿！"

玩笑归玩笑，这门课带来更多的是感动，特别是每个学期阅读到的"爱情事件簿"。每人都准备了厚厚一本，有人在里面塞进了情书，有人贴上了还没有寄出的告白信、第一次看电影的票根、一起出行的合影……

每个周末，孙中兴都会跑去只有他一个人的办公室加班，在被一摞摞笔记本塞得满满当当的屋子里，翻看年轻人的爱情，跟他们一起哭，一起笑。

当然，有时候也会有意外收获。有一次他到月老庙参观，惊奇地发现，因为学生一年又一年地跑去庙里做作业，导览员都知道这门课了，为了方便学生，他还贴心地打印好作业的标准答案发给大家。

开这门课，不是让大家寻找一种全天下都适用的爱情答案，而是让每一个人更了解自己

跟港台老师不同的是，上海华东师范大学的洪亚非开的"婚姻与爱情"课程，则是"戴着马克思主义帽子的爱情课"。

这个 58 岁的马克思主义哲学老师原本没打算讲爱情，可有天早上，他发现办公楼门口躺着刚坠楼的女生尸体。看了女生的遗书他才知道，她是因为感情受挫、难以承受而选择自杀。

这件事让洪亚非受到了很强的冲击，可他发现，学校对这种事情也没有好办法，只能给窗口加横栏，却并不能从根本上帮学生解决问题。"除非你结过婚，或者谈过无数场恋爱，否则很难真正了解爱情。"他说，反思后自己决定开门课，跟学生讲爱情。

那是 2005 年。那时还没见过谁开"爱情课"，他自己也有点担心开了课没人选。同事给他出主意，万一人不够，大家就帮忙撺掇学生去选课，充充场面。

结果，根本不需要找托儿，一开课教室里就坐满了几百人。面对挤满教室的同学，洪亚非认真地跟同学强调："任何人的爱情观都会有局限性，这是哲学告诉我的。我是个男人，我有男人的局限，我也有时代的局限、环境的局限、历史的局限。世界上没有一个绝对的真理，任何观点都是相对的。你们要具体问题具体分析，辩证地看待我教给你们的道理。"

在他的课上，爱情分析带着浓浓的马克思主义哲学思辨色彩。

"恋爱中我们先要树立爱情价值观，确立你在爱情中最重视的方面，然后再用矛盾论去分析。"他说，比如，"任何一个男性不可能只有优点，那么，女生在恋爱中就要去抓主要方面。如果这个男生的品质符合你的核心价值观，但是次要方面不太符合，比如不爱洗袜子之类，那么你在判断要不要嫁给他的时候，就不要去抓次要方面，而要以这个人的主流品质作为判断标准。"

在复旦大学的"思想道德修养与法律基础"上，心理学博士陈果也会抽出几堂课的时间，跟学生讲解爱情。

"大一、大二的时候，我多么希望有人能开一门'爱情课'，可以让我说出自己的困惑，跟别人讨论爱情问题，从别人身上吸取一些精神营养啊。我并不需要一个答案，我想，每个人的人生答案都是需要自己来发现的，但是我需要一个沟通的渠道，把大学里最重要的时间花在我认为人生最重要的话题上。"陈果说，"所以，我现在开这门课，并不是要让大家一起寻找一种全天下都适用的爱情答案。这门课的目的，是让每一个人更了解自己，更明白该如何掌握自己的爱。"

在她的课上，学生们会说出自己的爱情故事，甚至有时还会有三五十岁的人来旁听，不分年龄、不分背景地分享着各自对爱情的看法。

而对洪亚非来说，他现在的课程内容越来越丰富了，他还会把自己观察到的爱情新现象加进自己的课程内。有次他发现，自家出租房里住的情侣居然是自己的学生。于是没多久，他就在课堂上开了个新专题——该不该接受婚前同居。

现在，这些专题变得更多也更细："如何面对分手""如何挑选好老公""如何看待同性恋"……

虽然他的课是"用哲学解释爱情问题"，但也不乏"教你一招"的"方法论"。他会细心地叮嘱班上的女生："你们可以把我说的记下来——在决定结婚之前，一定要先去男方家里参观一下，重点看厨房和卫生间，摸一摸厨房里的酱油瓶盖子。如果盖子一尘不染，嫁这种男人可要慎重，这说明他有洁癖！你有可能一辈子生活在指责里！"

有时候班上的男生实在扛不住了，跟洪亚非抱怨："老师你也太向着女生了，把我们男生骂得一塌糊涂！"

但是洪亚非还是坚定地站在女生一边："我们课上女生多啊，少数要服从多数。"

"欧洲有许多著名的哲学家探讨过爱情与婚姻问题。恩格斯没有结婚，但是他在《家庭、私有制与国家的起源》中对爱情的定义是最完整的，时常被国内学者引用。他一生向往爱情，只是觉得在资本主义社会里找不到未被资本玷污的爱情。"洪亚非对《中国青年报》记者说，"现在网络上可以说有上千种爱情的定义，但是对教课的人来说，选取哪一种爱情观才能使人幸福，我发现，只能参考哲学家的智慧。"

现代人的爱情之所以这么漂移，跟我们的身份焦虑有关

孙中兴的"爱情课"开了16年了。有次他去演讲，主办方想请他写一份"爱情的标准作业程序"，让人们可以按程序谈恋爱。

"假定人是机器，这倒是可以实现的，在身上装个开关，恋爱时就摁个钮，不恋爱时就关上。"孙中兴说，"但这行不通啊，人类彼此相处的复杂度远高过人类与机器相处的复杂度。"

不过，在看过了1000本学生的"爱情事件簿"，又看了无数文学名著之后，他发现从古至今，普天之下，爱情困扰几乎没变过，可以总结出一个流程：

1. 恋爱之前，不知道自己喜欢什么样的人；

2. 喜欢一个人，不知道如何说出口；

3. 告白成功后，不知道如何相处；

4. 相处久了想分手，又一次不知道如何说出口；

5. 返回苦恼1重新开始，或者卡在某一环节停滞不前。

恋爱的复杂让研究哲学的陶国璋也手忙脚乱。他说，在准备课程内容的时候，他总在叹气，好多次他都想放弃了，觉得爱情"没有规律，不讲逻辑，变化太快"，"每次讲完课都很内疚，觉得自己能力有限，总是词不达意，讲出来的并不是自己所理解的内容"。

可是，他还想坚持。"工业革命之后，现代人有了自由，可以自由择业，自由恋爱。拥有了自由，却也意味着身份的迷失。自我身份变得不确定，什么都不确定，何谈找工作，找恋人？我们迷惑于自己在社会中的身

份，所以需要在爱人身上找到自己的坐标。"他说，"现代人的爱情之所以这么漂移，跟我们的身份焦虑有关。"

所以，在他看来，爱情虽然常被看作是一种责任，但也是"个体找到自己应该是谁的严肃的哲学命题"。

"就像我们在政治上追求自由，在个体成长上，我们也需要找到一个同步者，以印证我们的个体身份定位。"他说，"这个时代最缺乏的就是找到自己存在的意义，我们以为自己可以掌握很多事情，可我们也扭曲了对意义的理解，以为生命就是完全的享受和满足，可它原本应远超于这个层面。"

孙中兴也喜欢研究"这个时代的怪现象"。每个礼拜，他都要守在电脑前看各式各样的相亲节目，看男嘉宾如何介绍自己，看女嘉宾如何一盏盏灭灯。

"我觉得很有意思，你看你节目都做了，也有机构帮忙做媒，为什么还是找不到对象？你都有胆量上电视，有胆量在大庭广众下被人灭灯羞辱，干吗不直接在生活里找？难道你真的忙得找不着吗？"孙中兴说，"上一辈很多人相亲结婚，我称作任务型婚姻，但现在时代不一样了，你有的选。有的选还不恋爱？你们到底想怎样？"

抱着这个好奇，去年来北京参加学术活动时，他还特意提前上网查路线，想去北海公园看看家长替子女参加的相亲会。可惜热情的主办方完全没意识到他的小心思，拉着他逛故宫，游天坛，还去了颐和园，一路上游客见了不少，约会的倒没遇到几个。

看新闻时，陶国璋关注到内地的留守儿童现象，感到甚为担忧。"爱情是由个体成长的背景而来的，它是一个人在成长阶段与世界的关系在成年后的重现，比如你在小时候没有办法表现对父母的爱，大概你在爱情里面也不容易投入。"他说。

"讲恋爱技巧的很多，但我还是关心人性存在的价值问题。我不是社会学家，但是很想帮年轻人分析分析，也不是什么指导。并不是说这个时代的年轻人需要教训，需要说教，我只是想让大家多知道点，算是尽到我的责任吧。"陶国璋说。

相比之下，孙中兴替学生解决问题的方式更直接。

"如果对方不珍惜你，对你很不屑，那和这种烂男人在一起干什么？你还要在他身上浪费多少时间？我们给他们发张烂男人卡，然后把卡丢进洗衣机，弄得烂烂的给他。"孙中兴在演讲时说，"我没有答案给你，只有一点启发让你带回去想。"

几乎每个礼拜，他的邮箱里都会有来自大陆的邮件，多到他忍不住感慨："大陆那么多学生，每个礼拜都有人来信，我真担心自己可能到死都回复不完。"

在这些邮件里，有人哭诉无法摆脱失恋的痛苦，当然，还有人见缝插针地向他咨询如何报考台湾大学的研究生。

帮忙也有出错的时候。有一次，孙中兴收到一封大陆来信，这个男生对他说，自己表白被拒，不知道该放弃还是该坚持，难道真要"在一棵树上吊死?"

"我当时一看到这信就慌了啊！我哪知道这是你们的表达方式啊！我以为他真的要去找一棵树吊死啊！"孙中兴自己说着也笑了起来，"我想这可严重了，赶紧回信劝他，你千万别吊死，千万别想不开啊！"

爱情好像是我们最熟悉的内容，但其实却都是盲点

孙中兴喜欢看爱情电影，美国的《电子情书》啦，大陆的《小时代》啦，还有最爱的"林志玲姐姐"的《101次求婚》啦，他都没有错过。直到有一天他冲着片名跑去看日本电影《告白》，看了一半就吓得跑了出来，"不是叫《告白》嘛，为什么是个惊悚片啊"！

"是不是我太久不看'爱情事件簿'，都开始不能理解你们了？"总是开玩笑要"竞争月老"的他在课堂上摇着头跟学生感慨。

令他失望的另一个表现是撮合情侣屡战屡败。他组织过几次饭局，目

的是介绍自己的学生认识，可双双都说没感觉，搞得他很惋惜，"又白请了一顿"。

其中甚至还包括写歌的黄舒骏。当年这位歌手在台湾大学读书时，曾追过孙中兴班上的女学生，还为她写下了《天秤座的女子》。

虽然从没教过黄舒骏，但孙中兴还是好心地帮他劝女生，"你干吗不跟他在一块？人家有才华"。可是再理性的分析对这个女生就是不管用，"她就是不喜欢，再有才华又怎样嘛"！

"我们教给大学生的，都是他们以后进入社会才会了解的事，这基本上是一种无感教学，所以我想教教他们与大学相关的事，让他们自己去思考，走出一条自己相信的路。"孙中兴说，"大学里很容易培养出自私的人，我希望我的课可以给学生带来生活和生命上的改变，变成更好的人，不管是多小的改变。"

每学期结束，只要不是旷课太离谱，孙中兴给大多数人的分数都一样——88分。

"我读书22年，得过什么分数我统统都忘记了，但是我觉得88分是个值得记住的好分数，它有象征意义。88分，你旋转个90度看看，就是两个无限大。"热爱搞小心思的孙中兴神秘兮兮地说，"我希望你们的爱情可以无限大，做学问也可以无限大。"

教完"爱情哲学"，陶国璋也该退休了。来来回回修改过无数遍的"爱情课"讲到最后一年，他终于觉得有点满意了。最后一堂课时，他笑着跟学生做调查："你们觉得怎么样？要是觉得还行的话，我就决定就此封刀，以后不讲了。"

不过，这位哲学家并不会停下来。放寒假这段日子，他仍躲在家里写自己的新书《爱的盲点》，"爱情好像是我们最熟悉的内容，但其实却都是盲点"。

这几年，因为电影《那些年，我们一起追的女孩》热映，台湾的大街小巷又开始重放黄舒骏的《恋爱症候群》："爱情终究是握不住的云，只是我想要告诉你——多么幸福，让我遇见你。"

事实上，孙中兴并不喜欢这首歌。他更喜欢美好的爱情歌曲，比如《甜蜜蜜》，比如春晚上红起来的《传奇》。这个信奉"一日为师，终生服务"的老师喜欢听"宁愿用这一生等你发现，我一直在你身旁，从未走远"。

他说，下次到北京，一定要去逛逛传说中挤满情侣的南锣鼓巷，还要弥补遗憾，去趟北海公园，好好看下家长替子女参加的相亲会。

李斐然 / 文

2014 年 2 月 12 日

说理课

2014 年 5 月底，美国加州圣玛丽学院教授徐贲应邀到浙江大学做讲座。一位定居杭州的历史学者专程去看望他，谈到写书的事情，感慨道："你的书像是种子。种子撒下去，能长出什么不知道，但总归是撒下去了。"

此时，徐贲的新书《明亮的对话：公共说理十八讲》付梓半年有余。其序言第一句话是："这是一本为青年读者学习公共说理而写的启蒙读物。"

写一本"种子一样的书"，是徐贲的愿望。2009 年，一个朋友送给他一本英国逻辑学家 L.S. 斯泰宾的《有效思维》(成书于 1939 年)，此书前面一部分的译者是著名语言学家吕叔湘，他曾是中国社会科学院语言研究所所长。"文革"结束后徐贲考入中国社会科学院读研，中文试卷的题目正是吕叔湘所出。

吕叔湘译的这本《有效思维》对徐贲触动很大，"我当时就在想，这样的大家怎么会翻译这么一本小书？"

徐贲后来得知，吕叔湘开始翻译这本书时已经 82 岁。他在英文原书里夹着一张小纸条，写有这样的文字："我翻译这本书，是有鉴于常常看到一些说理的文字里头隐藏着许多有悖正确思维的议论，希望能通过这本书的译本使发议论的文风有所改进，哪怕是百分之一，千分之一，也就使 80 多岁的老人把已经极其有限的工作时间用在这个译本上不为无益了。"

纸条中还提到，他从 1986 年开始翻译这本书，"一天翻千儿八百字，断断续续 3 年"。

"吕先生如此执着于此书，大概是有感于'文革'过去 10 年后，说理在中国仍然是一种尚未实现的有效思维吧。"这件往事令徐贲颇为感慨。

几年后，当出版社编辑向长期在美国讲授说理写作的他约稿写一本"说理书"时，他欣然应允。

2013 年年底，《明亮的对话：公共说理十八讲》出版，64 岁的徐贲专门将吕叔湘的故事写入书里。"20 多年过去了，今天我们还在谈公共说理，这仍然还是一件普及和启蒙的工作。"

"公共说理不是一种理论，更不是一种学问和学术，而是一种实践的能力和公民的素质与行为习惯。"他在序言中这样写道。

讲道理谁不会，这还用学吗？

多年以前，徐贲和一位南京大学教授一起做研究时，这位教授对他说，中国公共理性话语危机已经严重到了非采取行动不可的程度。他提议与徐贲一起编一本给大学生用的写作教材，帮助训练他们基本的逻辑说理能力。

作为一名英语系的教师，徐贲当时关注的方向仍然集中在"文化批评往何处去""后现代与后殖民"或者"知识分子和公共政治"这样的学术问题上。转折发生在 2009 年上半年，当时，国内思想界围绕一本宣扬民族主义的时政类畅销书展开了激烈的讨论。已经开始为国内报纸撰写专栏的徐贲也发表了意见。他选择的角度是搁置民族主义问题，把焦点集中在书里出现的逻辑谬误上——过度简单化、浮泛空论、循环论证、虚假两分法、无凭据推理、不当类比，等等。

这篇不足 1500 字的短文获得许多读者的注目。有人来信说"意犹未尽，希望能把公共话语的理性问题再谈得深一点"，还有人想知道有什么逻辑教科书"可以让初中学生尽早学习理性思维"。

徐贲开始意识到，探讨说理问题可以"在国内形成一个话题"。2010 年年初，徐贲在自己的博客上连发了 5 篇文章——《中国需要说理教育和公民理性》《逻辑、说理和公民素质》《吵架越成功，说理越失败》《自说自话不是公共说理》《高调宣传也不是公共说理》。

彼时，徐贲已经在美国的大学里讲授了 20 多年的说理写作。

1985 年，徐贲到美国求学，在马萨诸塞大学攻读英语文学博士，随后任英语系的写作课助教。他发现，美国大学教育和中国大学教育的一个很大不同之处在于，美国的写作课是全校学生的通识教育必修课，而其中很重要的一部分内容便是"论证与说服"。

"讲道理谁不会，这还用学吗？"徐贲没想到，"说理"也是一门学问。他发现，美国的很多公立学校从小学五年级起，就把"说理"和"说理评估"作为一项具体的教学要求。

比如，《加州公立学校幼儿园至十二年级阅读和语言艺术（教学）纲要》里对五年级学生的要求是：应"分辨文本中哪些是'事实'，哪些是'得到证明的推论'和'看法'（尚有待证明的观点）"。

"事实的陈述是可以确认的，比如你说'林肯是美国总统'，但是看法的陈述则必须通过说理和讨论才能确认，比如你说'林肯是一位伟大的总统'，这就需要给出论据，然后还要判断这个论据是否恰当、确切、相关。"徐贲说，随着年级的提高，对于"说理"的要求也在不断提高，六年级（相当于国内的初一）时，教学中会增加"辨析逻辑谬误"的部分，到七年级时，新要求则是"注意区别'偏见'和'成见'"。

到了八年级，"说理评估"也就会更深入一些。例如，八年级学生的阅读里有一篇对作家埃德加・爱伦・坡作品的评论，里面有一些典型的问题，老师用这个评论来引领学生们甄别"什么是说理谬误"。

评论里说："爱伦・坡的小说、诗歌写的全是心智不宁，甚至疯狂的人物。"——这里的"全是"犯了"普遍泛论"的逻辑谬误，说理时应该慎用"每个""所有的""大家都"这些表达。

评论里还说："我们知道，作家都有些怪，特别是那些写恐怖故事的作家。"——"我们知道"类似"毋庸置疑""众所周知"，这里犯的是"本来就有问题"的逻辑谬误，因为"所知道的"恰恰是有待证明的。

这样的说理评估教育一度让徐贲觉得十分新鲜。20 世纪 60 年代，徐

■ 贾曾和其他人一样熟读过很多警句，他们被教导要学习和理解这些警句如
何"用通俗的比喻、鲜明的对比，形象地说明了深刻道理"。

"现在想想，那只是一个比喻，连理都还没有说，哪里来什么'深刻
道理'？"徐贲对《中国青年报》记者说，"但这就是我们那一代读书人潜
移默化中学会使用的语言。"

**说理不是一种多么难的知识，它更多是一种习惯，而习惯是需
要从小培养的**

在徐贲现在任教的大学里，课程人数不得超过 20 人，写作课也是一
样。学生围坐在一张大圆桌旁，面对面地讨论和交谈。

谈到美国学生的课上表现，徐贲坦言"和国内差不多"，有专心做学
问的，想混学分了事的也大有人在。"但这些学生普遍都已受过'话中带
理'的教育，也就是能在说出自己的看法之后，随即给出理由或说明。"

有一次，在古希腊思想经典阅读课上，大一新生们跟着徐贲一起阅读
索福克勒斯的悲剧《安提戈涅》。讨论中，大家聊到了关于政治家品行和
智慧的话题。

当时正值美国大选期间，一个学生提到，共和党候选人麦凯恩比民主
党候选人奥巴马更有资格当总统，因为选民对他的政治智慧比对奥巴马有
更充分的认识。结果话音未落，马上就有另一个学生接茬："我们没有理由
怀疑奥巴马的智慧，他是哈佛大学的法学博士。"又一位学生很快表示反
对，他认为，有博士学位只能证明奥巴马有知识，不能证明他有智慧，更
不能证明他有政治智慧。

你一言我一语中，这些刚刚年满 18 岁的年轻人进行了一场激烈的课
堂辩论。

这样的场面在美国课堂上经常可以看到。徐贲说，从高中开始，学校
就会将政府文告、政策说明、政党文宣等"公共文本"当作说理评估的对

象。学生们都知道，即使是印成铅字的公开出版物，也不一定就在道理上说得通，而这正是反复进行的说理评估要告诉学生们的基本道理。

"其实小孩子都有问为什么的本能，而回答这个为什么就需要提供逻辑上的合理解释。"徐贲说，"人天生就有逻辑辨别能力，但并不充分，这就像人天生就有语言能力，但并不完善一样。说理不是一种多么难的知识，它更多是一种习惯，而习惯是需要从小培养的。"

有时候，徐贲会碰到一些内向且缺乏自信的学生，他们经常会问，在作文中可以用"我"来做主语吗？可以用"我认为""我的看法是"这样的方式来表达吗？

"我说当然可以，不仅可以，你们还应该尽量去发出自己的声音。"徐贲说，自己很注意向学生阐明"公共说理"与"专业论述"之间的区别——尽管我们不是专家，但还是可以就公共话题提出议论和说理，因为说理涉及的是人人都能认识的事理，讨论的是与每个人的经验和周围世界有关的事情，而不是专业人士的知识——关心和讨论"人的事务"，是说理写作的传统。

徐贲介绍，在初等说理教学中，老师引导学生们学习说理，用的都是他们熟悉并感兴趣的议题。除了让学生试着在结论前加上"我认为"以外，老师们还会要求学生在结论后面跟上一个用"因为"引导的理由或解释说明，以养成"话中带理"的说话习惯。

在他的印象中，加州有一份免费赠阅中学教师的《加州教育工作者》杂志，几乎每一期都有一整页是针对某个具体问题的可辩论话题，比如学生应不应该穿校服，学校里应不应该装监视器，学校该不该容忍学生说粗话，等等。左栏写着大大的 YES，下面是几个可以支持这个看法的理由，而右栏则写着 NO，下面同样有几条相关的理由。

徐贲记得，自己和这些学生一般大小的时候，正是中国标语口号盛行的年代。和许多同代人一样，徐贲至今仍能脱口而出不少当年的经典语录。"当时根本不会去想这些结论性标语的理由是什么。"他坦言，在美国的从教经历对自己是一种学习说理的"补课"。

如今，在课堂上讨论问题时，他会习惯性地问学生："你们知道我下面要问什么了吧?"

"Why（为什么）?"熟谙老师秉性的弟子们笑答。

"其实，进行说理教育并不难，但能不能让学生领会背后的人文教育理念就是另一回事了。"徐贲在书中写到，"说理"不仅仅是一种技能，更关涉着某种价值，"包括一种不脱离个人经验、独立判断的知识观；坚信'理'来自每个人自己的理性，而不是强迫；说理的权利与把理说清的责任是结合在一起的"。

说理是摊开的手掌，不是攥紧的拳头

4年前，一个朋友的孩子准备在美国读大学，向徐贲询问如何准备SAT（美国学术能力测验）的说理文写作。

徐贲特别提醒朋友，写作时一定要顾及不同的观点，并分析对方观点背后的理由，然后理性、逻辑地一一应对这些理由，方能证明自己的观点合理。一篇不顾及不同观点的说理文，分数甚至会落到及格线以下。

事实上，美国中学里的"说理评估"已经要求学生在说理中必须有对方意识，明确提出说理是"对话"，而不是"独语"。

徐贲用古希腊哲学家芝诺的比喻来形容说理：是摊开的手掌，不是攥紧的拳头；不是使别人成为败者，而是欢迎别人加入对话。

但他发现，国内舆论场里对说理性质的理解往往背道而驰。他曾在网络上看到过这样一则评论："我说空气污染，你就说怎么不说伦敦曾经也有污染。我批评国产毒牛奶，你就说怎么不去批评日本曾经也有毒牛奶。我批评中国官员贪污腐败，你马上链接出美国某某市长也贪污过几万元。前几天我对禽流感表示了一下担忧，你又在问候过我全家后，举例英国疯牛病、法国禽流感还有土耳其口蹄疫。"

徐贲笑言，这种逻辑让他想起了作家王蒙的一篇小小说，说的是一个患上"厚皮逻辑症"的人去看医生，结果出现了一幕幕令人啼笑皆非的对话：

> 医生说："请坐。"
> 此公说："为什么要坐呢？难道你要剥夺我不坐的权利吗？"
> 医生无可奈何，于是倒了一杯水给他，说："请喝水吧。"
> 此公说："这样谈问题是片面的，因而是荒谬的。不是所有的水都能喝。假如你在水中搀入氰化钾，这水就绝对不能喝。"
> ⋯⋯⋯⋯

在徐贲看来，王蒙文中的病人的病根不在缺乏逻辑，而在于滥用逻辑，而这套诡辩逻辑的厉害之处就在于它能逼得你知趣地闭嘴，终于哑口无言。他记得，自己曾有一位同学口才极佳，热爱尼采，也很好辩，深信"要赢得辩论，就要不住嘴地说"。但在徐贲看来，"这是对说理的一个误解，以为说话是为了不让别人有开口的机会，甚至是'论战'，是'战斗'，是'占领阵地'"。

被徐贲拿来比照的，是曾经存在于罗马帝国时期的雄辩教学。当时，如果一方主张地球是圆的，另一方就不管三七二十一地主张地球是方的，"不考虑对错，只在乎输赢，会把学生引向歧途"。

"其实，在美国也同样有很多人不愿意讲理，同样有人喜欢站队。我想，这是因为固执和偏见比理性更近于人的天性。"徐贲说，正因为如此，他才尤其看重"说理教育"的价值。

《明亮的对话：公共说理十八讲》不久后即将推出增订版，新增内容中有一部分正是关于"说理的目标"——承认说理的局限性。因为每个人的说理都不代表真理，即便你有理，也不等于不同的意见就是无理。说理不是为了争辩谁对谁错，也不是为了证明对方的错误，而是为了通过合作性的交谈，取得双方都觉得合理的共识。

在徐贲看来，说理之所以需要平等、理性地对待不同意见，并不只是出于说理者主观意愿上的宽容，而是由"说理"本身的话语特性决定的。因为，单单是说理一方提出的"看法"，无论具有如何充分的理由，都不是绝对确定性的事实。它的真实性是由人的理性来判断并且相互商定的。

在与《中国青年报》记者的交谈中，徐贲多次在表达完自己的观点后注视着记者问："你觉得呢？是这样吗？"

从某种意义上说，这也是他所倡导的说理精神的一个微小佐证。

有了这样理性的公民言论的中间地带，人们才不至于自我囚禁在一种要么恶言相向、要么哑口无言的两难境地之中

起初，出版社编辑拟定的书名是"有话好好说"，徐贲要求把题目改为"明亮的对话"，书封面上的英文翻译是他自己提供的——"Transparent Conversation"。

在上海一家宾馆的大堂里，这位英文系教授拿着笔和纸，向《中国青年报》记者认真地阐释着他对于"conversation"这个词的理解："早在文艺复兴时期这个词就出现了，英国历史学家彼得·伯克为之写过一本《交谈的艺术》。那时候人们非常讲究对话的礼仪，连什么时候该开什么玩笑，幽默诙谐到什么程度，都很有讲究，交谈礼仪是为了保证交谈至少能够持续下去。如果你来煞风景，开不得体的玩笑，嘲笑挖苦对方，这个对话就没法进行下去了。"

交谈背后的人际交往正是徐贲所看重的——说理不仅是一种用话语影响别人的技能，更是一种文明社会的人文教养和价值观。

"在一个充斥着愤怒和仇视的地方，是不可能有公共说理的。"他清楚地记得，在药家鑫案发生后，死刑的存废问题曾经引发过一场讨论。在他一篇主张废除死刑的文章下，他看到了两条针锋相对的留言：

"像你这样的作家，我只能称你为垃圾，你已经在违背自己的道德，真不知道你学的是什么……"

"某位（读者）看来智力与情感有双重问题，根本不懂得如何辩论，只会情感宣泄式地喊口号……这种网络愤青只是在暴露自己的无知——但愿不死的药家鑫下次撞死的是你这个神经病。"

"辱骂和漫骂是在吵架中很有用的语言，但不是说理的语言。吵架的目的是在最大程度上造成语言伤害，而说理的目的正好相反，是要尽量避免可能的伤害。这是说理的教养，也是说理的伦理。"徐贲认为，一个人在表达自己的主张时，应该运用一种不侮辱他人智力的理性语言，它的说服力应该存在于书面文字有序展开论点那样的力量之中。

然而他遗憾地发现，在很多时候，论战双方射向对方的"枪炮子弹"往往是以立场划分的。这些词总会让徐贲想起那段"以阶级斗争为纲"的岁月。在他看来，"打倒""斗垮""打翻在地，踏上一只脚"这样的词句，已经成为某种有害的"语义基因"，一有机会或需要"就会被重新'起用'"。

部分因为这个原因，徐贲专门以"说理是一种公民教养"作为书中第十一讲的内容。

他在书中这样写道："说理的方式比坚持的立场更为重要。一方面，无论持有何种立场，都不可缺乏公正，也不可抱有恶劣、固执和不宽容的情绪；另一方面，只要对方能冷静分析、诚实说明，不夸大、不遮掩，就应该给予他应有的尊敬。

"说理是释放一种理解、尊重、不轻慢对方的善意，让彼此变得温和而有理性。说理可以使双方走到一起，搁置在具体问题上的争议，共同营造一个平和而有教养的公民言论空间。有了这样理性的公民言论的中间地带，人们才不至于自我囚禁在一种要么恶言相向、要么哑口无言的两难境地之中。"

国民的性格与他们的人际交往方式往往是结合在一起的

写这本书的时候，徐贲曾上网搜索国内与说理有关的图书，结果只找到了一本《最实用说话技巧全集：能说会道》。这本书介绍的是说话所需要的"话术"和"语术"。

"从历史上看，我们更善于说话而不是说理。"徐贲告诉记者，古代中国没有古希腊的那种被称为"rhetoric"的修辞学，就连"修辞学"这个名称也是从日本传入中国的，并一度被译为"雄辩学"或"劝说学"。

他在书中介绍说，在古希腊的修辞传统中，有一种被称为"人道关怀"（humanist concerns）的传统，那就是在三个方面都坚持真实（truth）和合理（sound reason）的原则：第一是说话者的真实意图；第二是用可靠的证据和理由来清楚地说明结论；第三是对听众的福祉抱有真诚的关怀。

这种以人为本的说理传统保留至今。徐贲说，美国有一本颇受好评的说理教科书《事事皆说理》（*Everything's an Argument*），从 1999 年的第一版到今天，15 年里已经出了 6 版，其基本宗旨就是：所有人在任何时候都必须遵守说理的规则。

"说理"被徐贲视作一个好社会的标志。在采访中，他提到美国传播学者尼尔·波兹曼在《娱乐至死》中描绘的林肯与道格拉斯之间的辩论片段。

那是 1854 年 10 月 16 日，在伊利诺伊州进行的辩论中，道格拉斯已经发言了 3 个小时。按照约定，他发言之后应该轮到林肯发言，但是林肯提醒听众，当时已经是下午 5:00 了，他需要和道格拉斯一样长的时间发言，他建议听众先回家吃饭，再精神饱满地回来听完 4 个小时的发言和辩论。结果，听众愉快地接受了这个建议。

作者波兹曼忍不住在书中感叹："这是怎样的听众啊？这些能够津津有味地听完 7 个小时演讲的是些什么样的人啊？……他们必定是一些理性的听众，演讲者和听众之间在进行一种理性的对话。"

波兹曼还提到，有一次，道格拉斯的演讲得到了热烈的掌声，而道格拉斯对此的回应非常有趣："我的朋友们，在讨论这些问题的时候，沉默比掌声更得体，我希望你们能够用自己的评判力、理解力和良知来听我的演讲，而不是用你们的热情或激情。"

对此，徐贲颇有感触："在一个普遍说理的社会，人人都可以有自己的看法，也会允许别人有自己的看法。这种说理的交往也许是为了各自的利益，但这并不妨碍它成为对所有人都有益的交往方式，并在这个意义上被人们共同认可为一种好的生活形式……人的趣味和感受不只是审美的，也是社会人格的。国民的性格与他们的人际交往方式往往是结合在一起的，这二者的变化都是在潜移默化中发生的。"

我是觉得悲哀，四分之三个世纪过去了，怎么弄来弄去还是这样呢？

徐贲经常为几家媒体撰写时评，也碰到过不少与他观点相左的说理者，这并没有令他感到不快，"我在乎那些说话真的在理的人，我也希望能碰到好的说理对手"。

真正让他介怀的是一种对说理的犬儒式回击：用得着事事说理吗？是不是走火入魔了？

在徐贲看来，相比于单纯学习一些说理的原则，如何重拾社会对于说理的信心才是真正的问题所在。他发现，在国内的舆论场里，有些人觉得说理"根本就是多余"，还有些人认为"碰到不说理的，再说理也没有用"。在这种虚无主义和犬儒主义盛行的环境里，"本该有说服力的说理也变得没有任何说服力了"。

这种环境成为培育说理文化的巨大挑战。徐贲感慨道："说理还需要社会多数成员有好的荣辱标准和价值共识。在这样的社会里，讲理的比不讲理的更受人们的尊重，不讲理的不仅受到大家的鄙视，自己心里也会看不起自己。一个人能为自己不讲理而羞愧，自然也就比较接近讲理了。"

《明亮的对话：公共说理十八讲》正是这位大学老师向这样一个犬儒环境做出的某种对抗。

"说理反而吃亏，所以从生存需要出发我们只能不说理。你问我这个恶性循环的源头在哪里，什么时候是个尽头？我想，重要的也许不是马上找到确定的因果关系，好通过消除因去消除果。我们不妨试着打断不说理的链条上属于自己的那一环，在自己身上先治疗不说理的毛病，然后再说别的。说理是每个人的事情，先不要问别人何为，先问问自己何为。"徐贲说，"就像我写这本书，不是什么了不起的著作，但就像种子一样，起码我把它撒下去了。"

在书里，徐贲专门提及了一件发生在 77 年前的往事。

1937 年 3 月 2 日，学者萧公权在《大公报》上撰文，其中有大段的论述围绕当时言论环境展开："徒知提倡言论之自由而不努力培养自由之言论，则其论亦不免偏狭之病。何为自由之言论？发自独到之思考，根诸事理之观察，尊重他方之意见，而不受自己感情之支配，或他人主见之指使者是也。吾人试一检时人之言论，其能虚心持平以立说，合于上述标准者固不乏其例，而意气用事之谈，偏狭无容之见，亦触目易见。异己者势欲打倒，同调者奉若神明，圆通宽大之风度，渺乎其不可寻。此种入主出奴，反自由精神之论，以较压迫言论者之器识与见地，实无殊于一丘之貉。"

"我是觉得悲哀，四分之三个世纪过去了，怎么弄来弄去还是这样呢？"徐贲已经满头银发，后背也已经明显地驼了。他翻着手中的这本书，不无感慨地说："萧公权、吕叔湘和我，其实做的是同一件事情。任何时候启蒙都不能彻底解决社会问题，但是如果我们能够意识到说理这件事，就会削弱不说理的力量，增加说理的力量，哪怕只有一点点，起码走的不是相反的方向。"

林衍 / 文

2014 年 6 月 18 日

PART FOUR

第四辑

学校与人

过去的中学

浙江学者傅国涌对上虞白马湖畔的春晖中学思慕已久。20世纪20年代初，夏丏尊、朱自清、丰子恺、朱光潜等人曾在那里任教，留下了中国近代教育史上的一段风流。对做过乡村中学教师的傅国涌来说，那是他心向往之的地方。

2005年夏天，他终于来到这所"梦中出现过"的学校。刚刚放了暑假，校园里空荡荡的，招贴栏上墨迹犹新的是高考成绩光荣榜，文理科分数排列俨然。傅国涌猛然感到，这里已不是当年那个洋溢着创造乐趣、以求知为最终目标的春晖，而是全封闭教学、以考分决高下的春晖。他来这里只能凭吊历史："古人说物是人非，如今恐怕是物也非、人也非了。"

北京大学教授陈平原研究晚清历史，了解到当年轰动一时的一件事。杭州一位满族妇女惠兴创办贞文女学，却因民众冷漠而面临倒闭的危险，于是她吞服鸦片自杀，希望以此唤醒大家对新教育的支持。各界为其精神所感动，募集资金，继续把这所学堂办了下去，并更名为"惠兴女学堂"。20世纪50年代后，这所学校更名为"杭州十一中学"，及至90年代又改回"惠兴中学"的名称。

陈平原曾专门去踏访这所中学，可惜校方没能保存多少校史资料。在他看来，这样有历史、有故事的老中学，有必要认真发掘、梳理自家的传统。

然而无论是春晖还是惠兴，那些只为少数学者珍视的办学传统，常常难以进入公众视野。傅国涌注意到，当下有关老大学的书籍已不少了，但有关老中学的书籍却难得一见。

这或许与人们头脑中固有的对中学的偏见有关。陈平原就曾被问到："中学最主要的目标就是让学生考上大学，关注中学的历史和文化环境，对一个人的作用有多大呢？研究中学的历史和对老中学的记忆，对我们今天有什么意义呢？"

这让傅国涌感到失望。他认为，中学对自身要有清楚的定位，它不应是通往大学输送带上的一个机械环节，不应是大学的预备学校，不应是大学生生产流水线，而应有自己基本的独立价值。比如要让每一个学生的人格得到陶冶、知识得到训练、视野得以开拓，即使不再升学，作为一个人，他的文明素养、他对世界的认识、对社会人生的理解，也都应在这个阶段得到初步定型。

面对今天的中学教育，傅国涌担忧，"一个人一旦错过了中学时光，要想再补救确实就有点晚了"。他很赞同历史学者雷颐在一次《中学人文读本》的座谈会上的发言。雷颐说，一个人在中学阶段所读到的东西，会溶进生命，化入血液，而到了大学阶段、成年以后读的，往往只能作为知识存在。

曾有记者问傅国涌："你心目中理想的中学应该是什么样的？"他不假思索地回答："我理想的中学已经不需要虚构，不需要想象，它们曾经存在过了，在不太遥远的历史中，在20世纪前半叶。南开中学、北京师范大学附属中学、扬州中学、春晖中学、天津耀华中学……还有许多并不知名的中学都是我心目中理想的中学。"

"一个老师、一所中学如果不能给予学生在人格、精神上的影响，就不可能是好老师、好中学，无论其创造多高的升学率。"傅国涌笃定地说。

痛感于此，他收集老一辈知识分子的旧文新作，编了《过去的中学——人生最关键阶段的教育和学习》。透过书中许多老辈人的回忆，人们恍然发现，不仅那些百年高等学府有许多可圈可点之处，就是散落在全国各地的普通中学，无论公立、私立，还是教会中学，"都一样富有特色和个性，一样卓有成效，培养出了许多民族精英"。

理想的中等教育，是全人格的教育，决非何种职业之准备

1901 年成立的北京师范大学附属中学是中国创办最早的公立中学之一。从 1922 年始，北京高等师范学校（即北京师范大学前身）教授林砺儒兼任北京高等师范学校附中主任（即校长）长达 10 年。在他治下，学校率先推行六三三学制（初中、高中各 3 年），对中国中等教育革新有开拓之功。

林校长在就任附中主任的演说《我的中等教育见解》中，批驳了中学教育不过是通往大学的一道桥梁这样的谬见。他提出，"中等教育其自身就是目的，决非为将来某种专门之准备"。所以，"中等教育的任务就是引导少年人格之放射线到各方面去。例如文学的陶冶，并非要把少年立刻造成一位名家，也不是准备将来卖文讨饭，乃是要引导他的人格的活力往文学方面去。科学的陶冶也不是要养成科学家或准备做农工，乃是要引导他的人格的活力往科学方面去。艺术的陶冶也是一样的理由。……我认定理想的中等教育，是全人格的教育，决非何种职业之准备。要全人格的陶冶受得圆满，那么将来个性的分化才算是自然的。若有人问我中学毕业生做什么，我就说也不为士，也不为农，也不为工，也不为商，是为人：也可为士，也可为农，也可为工，也可为商。"

师大附中当年出了两个学生，一个陈舜瑶，一个池际尚，他们很好地诠释了林校长的这段话。陈舜瑶的各科成绩都极出色，老师们常夸她为附中十几年中最好的学生。大家都以为她将来定能成为大科学家。谁知，抗战期间她在重庆成了周恩来的秘书，在其手下工作直到全国解放。她的同班同学池际尚在学生运动中非常活跃，所有人都以为她将来会成为一个革命家，结果她后来却成了著名的地质学家。

毕业于师大附中的哲学史家、北大教授张岱年说，自己永远忘不了林校长 1924 年对全校学生所做的一次演讲。其中讲到德国哲学家康德的三大律令中，最重要的一条就是把人看作目的，不要看作手段，并认为这是

康德的大发现。这不禁令人感慨：校长对着全体中学生大讲康德哲学，不知该慨叹教的人水平高呢，还是听的人程度深。

师大附中《校友会会刊》当年发表了纪念马克思的文章，国民党当局要抓人。林校长毅然站出来说："这不能由学生来负责，是我们教师没有仔细审查，我们要做检查。"

张伯苓任南开中学校长，留下近代教育史上的一段佳话：陶行知在南京办的晓庄师范被封，陶行知本人遭通缉，被迫出国。他写信给张伯苓，希望其子陶宏能到南开中学读书。陶行知的教育思想和办校方法与南开截然不同，但张伯苓面对陶行知的托付欣然答应，让陶宏免费入学，丝毫不顾忌通缉之事，也不担心陶宏把晓庄的思想带到南开中学来。

除了有担当，老中学校长往往还有让贤的风度。茅盾回忆过自己在湖州中学求学的一段经历。一日，久未视校的校长沈谱琴突然召集全体学生讲话。沈校长说虽然自己做了多年校长，对教育却实在是外行。旋即郑重介绍与他同来的一位矮胖老人："这位钱念劬先生，是湖州最有名望的人。钱先生曾在日本、俄国、法国、意大利、荷兰等国做外交官，通晓世界大势，学贯中西。现在钱先生回湖州来暂住，我以晚辈之礼恳请钱先生代理校长一个月，提出应兴应革的方案。"

教育家经亨颐，一生历任浙江省立第一师范学校、春晖中学和浙江省立第四中学校长。1920年创办的私立春晖中学，是他经历多年对"政府摧残教育""乱我清净教育界"之不满后，依其"以哲人统治之精神自谋进行"的思路所创办的学校。这所中学寄托着经亨颐的教育梦。如今，他与夫人的墓碑仍立在校园内。

中学校长之任，曾经代表着有识之士的一种教育理想。天津耀华中学校长赵君达是哈佛大学的法学博士，回国后先在北洋大学做教授，但他一直有志于基础教育。耀华中学创立后，他辞去大学教职应聘为校长，希望按自己的意图办一所完整的中小学。在许多耀华学生看来，这本身就体现了过人的胆识和理想主义的精神。

赵校长治校极严，每天早晨都在大门口迎接师生，8点钟上课铃响一过就关校门，迟到者只好在大门外站到第一堂课结束后再进入。据说有一次校长自己迟到了，便坚持不让门房开门，在门外等了一个钟头。

天津沦陷后，利用耀华地处英租界的条件，赵君达接纳不能随南开大学迁往内地的南开中学的学生，使大批学生不致失学。同时，他拒绝按日伪旨意更换教科书。1938 年夏，赵君达在早晨散步时遭暗杀，以身殉职、殉国。

好校长治下的好中学，甚至能为好的大学奠定教育理念的基础。当过华中理工大学校长的中国科学院院士朱九思多次提及扬州中学给予他的深刻影响："我很幸运，青少年时上的中学是当时很好的一所中学——江苏省立扬州中学。我在扬州中学接受了 6 年教育。这所学校一个突出的优点，就是文理并重。……母校的办学模式给了我终生难忘的印象，成了我思想深处一个重要的办学榜样。"

在朱九思的记忆里，扬州中学的好，首先好在教师水平高。校长周厚枢曾留学美国，在麻省理工学院取得硕士学位，"他最大的功劳就在于聘请了一批好教师。不仅从本地聘，而且从江南聘，因为江南不论在经济上还是文化上都比扬州所在的江北发达。不仅主课教师要聘好的，而且音、体、美各科教师也要聘好的"。

名报人徐铸成早年就读于无锡的江苏省立第三师范（当时此类师范学校为中学程度）。学校的第一任校长顾述之规划并设计了学校制度和办学方针，定校训为"弘毅"，取意于"士不可以不弘毅，任重而道远"。徐铸成深深地体会到，这些理念开阔了学生的眼界，让学生立志做一个于国于民都有用的人。学校的各科教师都是顾校长精心挑选的，国文教师钱基博、钱穆等人尤为一时之选。

北京一零一中学的前身是晋察冀边区联合中学，这所联合中学虽仅存 3 年，却颇值得注意。它与解放区所办的其他培训式学校完全不同，是一所准备在解放全国后同国统区中学接轨的正规中学，所以各门课程几乎都有。校长郝人初能比较自由地实行他的教育思想，没有受到外来干预，用人主要看专业水平，不拘泥于一般的"历史问题"。他这种信任教师、从不干涉教学的气度，被学生称为"颇有蔡元培先生的遗风"。

当教育传达出对学生的善意、信任和关爱时，它唤醒的是学生的向学之心和向善之志

朱自清曾任教于春晖中学。一次，学生王福茂写了一篇作文《可笑的朱先生》，其中写道："他是一个肥而且矮的先生……近右额的地方有个圆圆的疮疤……最可笑的，就是他每次退课的时候，总是煞有介事地从讲台上大踏步地跨下去，走路也很有点滑稽的态度。"朱自清不以为忤，反而在这篇作文下面画了许多圈，并在课堂上读给大家听，赞其描写生动，读后如见其人，是一个榜样。

研究过春晖中学校史的张清平这样评价：当教育传达出对学生的善意、信任和关爱时，它唤醒的是学生的向学之心和向善之志。

北京师大附中的数学老师程廷熙鼻子大，又有些鹰钩，学生给他起外号"程大鼻子"。学生对他的教学非常佩服，但有时也喜欢跟他开小小的玩笑。一次，某生上课前在黑板上画了程先生的侧脸像，特别突出了大鼻子。同学们担心程先生进来会大发雷霆，谁知他站在讲台前，对着黑板端详了好一会儿，笑了笑，操着他那皖南口音评论道："嘴太小，鼻子太弯。"同学们哄堂大笑，紧张气氛一下子放松下来。

夏丏尊曾留学日本，后在复旦大学任教，在暨南大学任中文系主任，并在开明书店出任编辑所所长，然而他在春晖中学教书时却对学生说："我是只配教教初中的，教高中就不胜任了。"后来朱自清应聘到春晖中学任教，还未到校的时候夏丏尊就向学生宣布："朱自清先生就要来校了。朱先生学问比我好，他来后请他教你们二年级的课，我仍教初一年级。"

同样在春晖中学，训育主任匡互生初到校时的情形也很有趣。晚饭时学生们照例进入食堂吃饭（教师另有食堂），却见一位身穿长衫、方脸浓眉、两眼炯炯、身材中等结实的人进来坐下。大家都惊异地看着他，有学

生问道："先生，这是学生食堂。"他操着浓重的湖南口音说："啊！我叫匡互生，和大家第一次见面，和同学们一起吃。"

让朱自清快乐的是，当时的春晖中学"邀集了一批气味相投的朋友执教"。朱光潜教英文，他与朱自清身材相似，性情相投，许多人以为他们是兄弟。朱光潜的第一篇美学论文《无言之美》，就是在朱自清、夏丏尊的鼓励下于春晖中学写成的。

陪都重庆时期，南开中学的国文老师孟志荪毕业于金陵大学外文系，学的是西洋文学，却教了几十年的中华文学。他用那一口略带天津口音的普通话，为南开学生打下了扎实的国学基础。学生回忆，听孟老师教书真是如沐春风。

南开中学从初一到高三，国文课教材均为自编，孟志荪为主编者之一。当时蒋介石欣赏的王阳明的文章一篇也未入选，而曾国藩家书也只入选了一篇。时人评价，孟夫子没有丝毫媚骨，在那个高压时代，这是多么难能可贵。

当时南开中学还曾出过一个关于偏科的故事。其中所透露的，不仅是学生的才华，更有中学老师的风采。南开中学学生谢邦敏富有文学才华，但数、理、化成绩不佳。1941年毕业考试时，他物理交了白卷，但心有不甘，即兴在卷上填了一首调寄《鹧鸪天》。物理老师魏荣爵水平之高、态度之严谨，校内有口皆碑。他评谢邦敏的卷子，也在上面赋诗一首："卷虽白卷，词却好词。人各有志，给分六十。"于是谢邦敏顺利毕业，并考入西南联大法律系，毕业后先在北大法律系任助教，后任职法院，成绩斐然。

史学大家钱穆就读常州府中学堂时，国文老师童斐平日里庄严持重，一丝不苟，同学以道学先生称之。然每逢上课，童先生便判若两人，"善诙谐，多滑稽，又兼动作，如演文明戏"。讲《史记·刺客列传》中荆轲刺秦王，他会夹着一卷地图上讲台，边讲"图穷而匕首见"边翻开地图。图穷，果然露出一把小刀。他拿起刀，掷向教室后面的墙壁，竟入壁而不落。然后开始绕讲台疾走，效追秦王状。

学校昆曲选修课也由童斐执教。钱穆随他学吹箫，后回忆起这一爱好时，说："遇孤寂，辄以箫自遣，年逾七十，此好尚存，实为生平一大乐事，则乃伯章师当年之所赐也。"

名律师张思之至今仍感念 60 余年前的一堂中学语文课。抗战时，东北大学教授傅庚生应邀来四川三台的国立十八中教国文课。那堂课他讲李清照的《声声慢》，诗意浓浓，阐发精微，不仅使张思之为之迷醉，也开启了他对宋词的终生爱好。

张思之还回忆，高二时他的英语老师是英译《红楼梦》四大家之一。课上，老师笑着告诉学生：即使是薛蟠的几句歪诗，也难译得传神。张思之仍记得这位老师低吟怀念初恋情人的诗作时的哀怨声调，"他读英文诗真有味道"。

在晋察冀边区联合中学时，国文老师给蓝英年和同学们讲李后主的词："帘外雨潺潺，春意阑珊。罗衾不耐五更寒。梦里不知身是客，一响贪欢。"在当时环境下，这让学生们觉得简直不可思议。2004 年，蓝英年和同学去看望这位国文老师，问他当时怎么会讲这个。他答，虽然有顾虑，但还是大胆选了，因为"你们应当知道中国文化的精华"。

衡量一所中学好不好，主要不是看它的占地面积、校舍楼房、先进仪器之类

清华大学老校长梅贻琦曾留下名言："所谓大学者，非谓有大楼之谓也，有大师之谓也。"傅国涌套用这句话：衡量一所中学好不好，主要不是看它的占地面积、校舍楼房、先进仪器之类，而是看它能在多大程度上吸引、凝聚最优秀的老师，能在多大程度上培养出具有独立思考能力的学生，开启他们的心智。"与这些关乎教育本身目的的指标相比，那些只能让平庸之辈、趋附之徒用来自豪、自夸甚至作为进身之阶的硬件，都将失去重量。"

曾有记者问陈平原：纵览这一百多年的历史，一所优秀的中学最珍贵

的品质是什么？他回答，一是培养学生良好的交流与对话的能力，一是形成丰富多彩又别具一格的校园文化。

他解释说，现在的不少中学生，书读得很好，但缺乏与他人沟通的能力。学生出了问题，我们常在他们的思想道德上找原因，其实好多时候是心理障碍问题。健康的心理状态、良好的人际交往，还有审美以及爱与被爱的能力等这些对人生影响极深的因素，大都是在中学时代形成的。

之所以强调校园文化，是因为中学是涵养气质的地方。陈平原在台湾大学授课时，同事教他辨认哪些学生是建国中学出来的，哪些学生是北一女中出来的，往往很准。这两所学校是台湾最有名的男校和女校。不论在何地，好中学的学生大都有一种特殊的气质，这是校园文化熏陶的结果。"不能说哪个中学或哪种风格最好，但好中学一定是有个性的。"陈平原说。

当年南开校门侧悬一大镜，镜旁镌刻箴词曰："面必净，发必理，衣必整，纽必结，头容正，肩容平，胸容宽，背容直；气象：勿傲，勿暴，勿怠；颜色：宜和，宜静，宜庄。"学生出入，知所儆戒。时任哈佛大学校长的埃利奥特博士来校参观，见南开学生的仪态与在其他学校所见者不同，很好奇。张伯苓于是领他来到镜旁，将箴词详加解释。

著名指挥家李德伦 20 世纪 30 年代就读于北京师大附中。他把"附中味儿"总结为附中多年来积累形成的校风："这个校风就是浓厚的学术空气、文化气息、好学精神、文雅而富于幽默的谈吐和爱好体育、健康活泼的作风，不死读书，而是生气勃勃，具有广阔的视野。"他在校运会上参加长跑比赛，最后一个跑下来，结果得了个"坚持奖"。

陈平原觉得，一所百年老校和一所刚创立的新学堂感觉就是不一样。这个不一样，除掉有形的建筑，更重要的是学校的风格，"所谓的传统，不是三五年就能够形成的"。

傅国涌在春晖中学校内还能见到经亨颐的铜像和墓碑，在校外也还能见到夏丏尊住过的"平屋"和丰子恺住过的"小杨柳屋"，但他能触摸到的，却只是历史的记忆。

当年，夏丏尊在这里实践"爱的教育"。时逢假日学生出门，他会殷殷地拉着学生叮嘱："勿吃酒！铜钿少用些！早些回校！"

春晖中学最大的两间教室，是美术教室和音乐教室，丰子恺任美术、音乐老师。蔡元培在春晖中学的演讲中肯定和赞美了这里的"美的教育"。"碧梧何荫郁，绿满庭宇。羽毛犹未丰，飞向何处？乘车戴笠，求无愧于生。清歌一曲，行色匆匆。"唱着这样的毕业歌离开校园的春晖学子，会拥有怎样的精神世界和心灵？

丰子恺第一幅公开发表的水墨漫画"人散后，一钩新月天如水"，便作于春晖中学任教期间。只是，他们那一辈人真的散去后，意境已经不再。

俞平伯在春晖中学旁听了朱自清的一堂国文课，认为"学生颇有自动的意味，胜第一师范（浙江省立第一师范学校）及上海大学也"。其实，当年许多中学培养出来的学生水平之高、见识之广、思力之深，在今天看来近乎匪夷所思。

胡适入上海澄衷学堂时，还叫胡洪骍。因读《天演论》，用"适者生存"的"适"，取表字"适之"，并偶用"胡适"做笔名。1910 年考取留美官费时正式用"胡适"的名字。就是这样一个中学生，发现梁启超的学术思想史缺了几个部分，失望之余，"自己忽发野心，心想我将来若能替梁任公先生补作这几章，岂不是很光荣的事业"。"这一点野心就是我后来做《中国哲学史》的种子。"

历史学家蒋廷黻回忆，他在上湖南湘潭的教会学校益智中学时，在西洋史课上读过麦尔斯所著《通史》中译本后，便"认为我应该研究整个西方世界的进步情形"。念书之外，他和同学常做白日梦，其中最重要的一个是救中国。"我们幻想许多使中国富强的方法，还把工作分配好，我常任军事领袖，其他同学有的从事教育，有的从事财政，有的从事农业。"

在重庆南开中学校内，结社、演出、办壁报、时事辩论赛、社会名流演讲……各种活动不一而足。经济学家吴敬琏阐释了南开教育之所谓的"高贵"："我虽然只在南开念过两年书，但南开给予我的基本训练方面的影响，却是极其深远的。除语文、数学等功课外，从逻辑思维、语言表达，'公民'课上关于如何开会、如何选举、如何表决的训练，直到每座楼进门处'镜箴'上的仪态要求，都使我终身受用不尽。'高贵'，指的并不是生活上的奢侈和安逸，也不是目中无人和颐指气使，而是对德、智、体、美四育并进的高素质要求。"

"我们从当年重庆南开中学的学生回忆中，可以真切地感受到，他们在那里受到的教育在许多方面足以给他们一生提供精神支撑，成为他们未来生命中一个不能缺少的支点。"傅国涌这样评论。

中学的历史，本身就是中国现代化进程的一个重要环节

历史学家吕思勉曾任教于常州府中学堂，是钱穆的老师。1941 年钱穆到常州拜望老师，吕思勉领他参观已改为常州第五中学的府中学堂旧址。吕思勉让钱穆对百余名学生发表演讲。钱穆告诸生："今日此一四十年前老学生之讲辞，乃求不啻如其四十年前老校长之口中吐出。今日余之讲辞，深望在场四十年后之新学生记取，亦渴望在旁四十年之老师长教正。学校百年树人，其精神即在此。"

在后辈研究者眼中，这是对中学校史极生动的诠释。陈平原认为，中学的历史本身就是中国现代化进程的一个重要环节，它的得失成败，是和这一百多年中国的现代化进程联系在一起的。这里所说的"中学"，既包括具体的某某中学，也包括作为整体的中学教育。

在谈到当下中学校史教育时，陈平原说："对于大学生来说，个人的记忆和大学的历史容易勾连起来。至于中学，似乎缺乏这种努力。"

而当进行这样的努力时，陈平原明确提出，要超越校庆募捐这种狭隘的思路。他说，不要只强调出过多少部长、院士、作家，而要挖掘有趣的故事和教育理念，比如教学方式的变革、教材的演进、师生之间的交流等，以便进一步反省今天的中学教育。

他特别提醒了两个问题。其一，历史记忆的有效性与局限性。人们谈论 50 年前甚至 100 年前的中学时，很容易美化它们，因为留下来的、能

够被记忆的，大都是美好的东西。其二，著名的老中学往往对校史比较热心，而只有十几二十年历史或排名比较靠后的中学则往往不太热心。其实，历史有长短，名声有大小，任何一所中学都有值得骄傲的过去，任何老中学都是从年轻中学成长起来的。不外是借助"讲古"这一活动，让学生们触摸历史，了解自家的传统。

徐百柯 / 文

2007 年 8 月 29 日

为生活做准备的教育

4 位母亲正围坐在会客室里，李泽武和张俐一个劲儿向她们解释着四年级这个 8 人班的教学计划。从 9 月开学起，母亲们观察了两个月，觉得教学进度有些慢，还有一个母亲转达了孩子父亲的希望："该增加一些科研性的课题。"

这时黄晓星走了进来，搬把椅子坐在旁边静静地听着。过了片刻，他从身后桌上随手拿起一张小纸片，掏出笔在上面画起什么来。李泽武是小学部主管，张俐是幼儿园园长，创办这所学校的 3 个人里，就黄晓星没有行政职务。

母亲们继续热烈讨论着，并没有被李老师和张老师说服。一片四川话中，突然插进了黄老师慢条斯理的广东腔普通话："我们换个频道好不好？"

说着他把纸片放在大家面前的茶几上。纸上画的是古希腊神庙的示意图。"古希腊的建筑为什么不垮？因为它建立在类似人体结构的基础上。石阶和石台是手，代表身体和意志。柱子是心，代表艺术体验和情感生活。屋顶是头，代表思想和精神。从力学上说，两根柱子就够了，为什么他们要用那么多根柱子？两根柱子当然可以，不会垮，但你看几千年后它垮不垮？你可以把头弄重，但由于缺乏支撑，它必定不能长久。我们现在做的就是修建这些支撑的柱子，可以多，但不可以少。"

"有道理。"母亲们终于点点头。

顺从孩子的天性

这是一所私立学校，一所非主流学校。

其中一位母亲叫龚靖华。2006 年年底，她把儿子从成都最好的一所公立小学转到了这里，甚至不惜让孩子从四年级降到三年级。"我从 2005 年就开始考察这里了，也开始接触他们的教育思想。但儿子不肯来。你知道的，孩子嘛，他们那个学校的名头，挂在嘴边还是挺让人骄傲的。"

龚靖华终于说服儿子来看看，结果他只待了半天就同意转学。正式上学第一天的晚上，儿子在回家时对她说："妈妈，我到了天堂。"

"其实我们做父母的都知道，孩子发展慢点好，太快了会出问题。但你不得不承认，社会上的影响毕竟还在。比如我们儿子转过来以后，约不到以前的同学了，他们都在忙奥数什么的。这个时候我们当然会焦虑，不过我们和老师、其他家长交流得非常多。"说着她和另外 3 个母亲交换了一下眼神，大家默契地笑了，"大家能在交流中排解掉这些焦虑，毕竟都是为孩子好嘛"。

另一位母亲叫熊红。她儿子原来在成都很有名的一所私立学校上学，"学费一年要 18800 元，条件当然也很好"。但她发现儿子并不快乐。通过朋友介绍，她下决心把儿子送到了这里。

"无论公立还是私立，竞争从小学就开始了。压力不只来源于学习成绩上的攀比，也来源于整个思想上的攀比。"王锦是 4 人中唯一一个女孩的母亲。说起女儿，她感叹："要我们看，女儿各方面都挺优秀的，学习、才艺都好，又是班干部。可她总说，妈妈我不行。"

进这所学校后，没有考试和排名，学校不主张在孩子之间展开竞争，而是强调合作，鼓励孩子们相互欣赏、相互帮助，王锦发现女儿变化很大。"自信，我觉得她内心强大了。不光是她，他们这个班的孩子好像都找到了自己的位置，整个状态是踏实、舒展、放松的。"

王晓义话不多，总在微笑着听，终于也忍不住插了一句："我儿子没他们家说的半天那么传奇，但也只用了一天而已。起初我们让他试读一周，他死活不干。好吧，那就试一天。结果一天后儿子说，'妈妈，别的学校我不去了'。"

4位母亲都说，学校也在帮助她们成长。事实上，强调家长和孩子一起成长正是这所学校的宗旨之一。

傅燕是学校幼儿园里一个孩子的母亲。她记得一家人去给儿子报名、注册时，学校要求的各种用品中只有雨靴买不到，于是他们只好请幼儿园老师帮忙。为了量尺码，一个男老师拎出几双小雨靴，一双一双地让儿子试穿。儿子第一次穿这样的靴子，慢腾腾的。傅燕忍不住催促起来。老师则在一旁静静地说："让他自己慢慢穿吧，每个孩子都有自己的节奏。"

一天，傅燕一家人去沙河边看火车，途经许多店铺，丈夫不时停下来东看西瞧。她没兴趣，牵着儿子继续走。儿子拉拉她说："我们等等爸爸吧。"她说"我们先慢慢走着"。儿子迟疑了一会儿，听从了。后来，丈夫又钻进一间小店，傅燕还是牵着儿子继续走。儿子又一次说："我们等等爸爸吧。"她说"慢慢走着等"。儿子拽着她的手，坚持说："妈妈，等等吧。"

傅燕于是想起，儿子在幼儿园会经历许多的等待：等最后一个小朋友吃完午饭，等明年春天收获老师带他种的菜，等下一个小朋友生日的到来。她感叹道："有时，我们真不知道自己在急什么。"

一次，她在饭桌前逗儿子："让你再回以前的幼儿园好不好？"儿子用一贯老成、平缓的语调说："不好。这里有沙坑，以前的幼儿园没有；这里有池塘，以前的幼儿园没有；这里有猫、鸽子，还有腊肠狗……"她突然发现，春天采蜜的蜜蜂、狗尾草丛中的蚂蚁、树上停息的天牛，甚至是草丛中隐藏的癞蛤蟆，竟然如此吸引着儿子的小小心灵。

一堂比萨饼英语课

这所学校里的几乎每一堂课都别开生面，就拿一堂和比萨饼有关的英语课来说吧。

开始上课，孩子们照例围成一圈，合唱一首已经练过多次的歌颂自然的英文歌："为了金黄的玉米，树梢的苹果／为了香甜的蜂蜜，遍地生长的水果／为了欢畅的鸟儿，盛开的花朵／我们每天感谢你！"

唱完颂歌后，老师告诉大家，今天的课上我们要来做比萨！随后宣布规则："进了旁边这个篱笆（做比萨的区域），only English，no Chinese（只能说英语，不能说中文）！如果你们讲了中文，那么，对不起啦，你可能要先回到篱笆外面休息一下再回来喽。如果你们有什么不会用英语说的，就把老师拉到篱笆外面问一问，然后再进来说。明白了吗？"

于是孩子们鱼贯进入篱笆。桌上已经摆放着发酵好的面饼、奶酪、提前熬好的番茄酱和待切的花菜。孩子们要先主动选择自己参与哪项工作，并用英语告诉老师。这时，有的孩子大胆地用英语组成句子，有些在努力地组织自己的语言，有些则干脆把老师拉到篱笆外面"咨询"去了。

每个人都找到自己的工作后，有的切花菜，有的磨碎奶酪，有的揉面团，有的在烤盘上抹油。这个过程中，一些孩子兴致一来就忘了规则，冒出了中文，于是被老师笑着"遣送出境"，跟着老师把那句话用英语再说一遍，才能再进篱笆。随着工作进程逐步深入，表达难度也越来越高。有问"涂抹得要均匀一点"该怎么说的，还有切了一阵花菜后又想去揉面团，就拉着老师出去问怎么用英语要求换位的。

最后，3块大比萨成形，被孩子们护送进烤箱。到了午餐时间，空气中弥漫着香喷喷的奶酪味。老师捧出金黄的比萨后，孩子们一起唱起了英文的餐前颂歌："大地给我们美味的食物／太阳让它成熟可口／亲爱的大地，亲爱的太阳／我们感谢你的辛勤劳动／让我们拥有美味的午餐！"

边吃比萨，孩子们边开始讨论下次做比萨的时间和材料。老师趁机引出新的任务，让大家做出一张英文的购物单，然后由老师带着学生们一起到超市去买材料。

任课老师邵蕊这样总结这堂课："正如鲁道夫·施泰纳所说，记忆必须从感受和行动的层面来加深，而非单纯的智力层面的练习。在这堂英语课上，孩子们并没有觉察到什么课堂任务，而是参与了主动获取知识的过程，并感受到英语融入实际生活的乐趣。最重要的是，在一定的界限内，孩子们感受到的是纯粹的英语氛围，在这种氛围中，英语得以渗透进每个孩子的感官，再透过行动付诸实践，而非仅仅停留在头脑层面。这契合了一种语言教育的理念——'唤醒语言的力量……要从实践经验出发，感受语言的质地，让语言融入机体中，才能收获最丰硕的语言教育果实。'"

引进一种生活方式和人生态度

这所学校地处成都市锦江区琉璃场皇经楼村，叫"成都华德福学校"。"华德福"是德语"Waldorf"的音译。2004 年 9 月，在世界上第一所华德福学校创立 85 年后，由先后留学英国、美国专习华德福教育的黄晓星、张俐夫妇和留学英国专习华德福教育的李泽武发起，十几名大学生、学者、工人和商人等共同参与，在一处废弃数年的"农家乐"园子里，创办了中国（不包括港澳台）第一所华德福幼儿园和学校。

学校的网站首页上有这样的话：

我们呵护孩子完整的童年，让孩子探索自己、人与人、人与社会、人与宇宙自然的和谐关系，学会生活和工作，寻找人生的方向和意义。

我们努力避免把教学简化为单纯开发孩子的智力，而是通过我们独特的教育方式，让孩子进一步深化个人的体验和感受，培养个体精神和内在的行动意志力，让孩子的个性、创造和成就得到认同和尊重。

我们认为教育是一门艺术，并通过艺术的形式来实施，与自然、社会融为一体，构建一个美的外在与内在的环境，从自然和美中学习。

我们不断地学习和探索华德福教育的哲学和精神，并深入中国的文化和本土，以具有本土内涵的形式展现出来，努力在课程和教学中展现出成都当地文化和汉文化的特色，达到一种中西贯通的境界。

我们不仅仅是实施教育，也不仅仅是引进一种新的教育体系，我们更是引进一种生活方式和人生态度，我们的教师和家长们也在伴随孩子成长的过程中，不断地超越自己，不断地成长。

我们是在建设一个学园、花园、菜园和家园。

20世纪初，奥地利科学家、哲学家和教育家鲁道夫·施泰纳认为，可以用科学的方法来研究人类的精神领域，并创立了一门特别的精神科学，称为"人智学"。1919年，他受邀根据人智学的理念为德国斯图加特一家名为"Waldorf"的香烟厂的工人子弟办了一所学校，并命名为"自由华德福学校"。学校共有12名教师和256名学生。

后来，凡是实践这一教育理念的学校都被称为华德福学校，或鲁道夫·施泰纳学校。根据2000年德国华德福教育友好协会统计，当时全球有876所华德福学校、2000多所华德福幼儿园，以及300多所华德福矫正教育和社会治疗机构。

华德福学校既出现在发达的美国纽约，也出现在南非荒凉的黑人小镇；既出现在加沙地区的巴勒斯坦难民营，也出现在美国南达科他州的印第安保留区。在北爱尔兰贝尔法斯特的华德福学校，不同宗教信仰的孩子们可以在一起学习。

在成都华德福学校，华德福教育的核心理念被写在办公室的白板上：0至7岁，手—做—模仿；7至14岁，心—感受—艺术化；14至21岁，头—理解—探索。

根据人智学理论，华德福教育努力把学生的体验由单一的智力发展转化为"全人"的教育，其教学大纲建立在对人生早期的三个重要发展阶段的理解和认识上。

第一个7年（0至7岁），儿童通过模仿来学习。华德福教育认为过早的单一的智力开发会透支幼儿用于建设身体和进行模仿的生命力，不利于幼儿身心的整体发展，甚至会影响到成年后的健康状况。所以，这一阶段适合玩家家、烹饪、做家务劳动、扮演各种人物、看偶戏、捏蜂蜡造型、绘画、唱歌、跳韵律舞、听故事和做游戏、庆祝生日和举行节日庆典、进行户外活动和园艺劳动，以此让孩子们学习有价值的社会技能和生活技能。

第二个 7 年（7 至 14 岁），孩子通过想象和感受来学习。在华德福学校，班主任从一年级带班到八年级，讲授主课。同时有不同的课任教师承担手工、音乐、韵律舞、外语、体育等教学。

第三个 7 年（14 至 21 岁），青少年开始探索真理，体验思考的力量。当学生开始探索"我是谁""我如何面对和进入世界"等问题时，教学中就应注重寻求事物的意义，如：在研究数学法则的同时，要学习有关的诗歌和音乐；在欣赏达·芬奇的绘画时，要做光学的实验；通过历史的学习，学生可以探索科学、艺术、哲学、宗教和人类发展的关系。

鲁道夫·施泰纳坚信：我们不应只关心一个人生活在现今社会应具备哪些知识和能力，还要问，这个人内在的潜能是什么，什么潜能在他身上可以被唤醒，他的发展方向是什么，这样我们才能为不断成长中的一代输送新的力量，这样的社会才是有活力的社会，才是能不断自我更新的社会，才不会成为以固有的组织形态要求并改造年轻一代的保守工具。

如何与国情接轨

然而保守毕竟是更稳妥的选择。说服已入学孩子的家长，有时只需要像黄晓星那样找到一个精巧的比喻。在更大范围内传播华德福的理念，则是一桩费劲得多的事情。

第一次采访是在周六，正好赶上学校每月一次的公众开放日。牵着两三岁孩子来"考察"的父母不少。看着孩子在幼儿园的葫芦棚下、沙泥地里、原木滑梯上玩得开心，有家长对比一番后，说："传统的幼儿园都入学两个月了，可孩子还是哭闹着不愿意去。"

与幼儿园孩子的父母相比，学龄孩子的家长显然更关心重大的"路线问题"。在介绍会上，尽管张俐大讲"保护童年""让孩子成为孩子"等教育理念，许多家长们也不时点头表示认同，但还是会有家长立马站起质问："孩子在你们这里毕业后，如何回归符合中国国情的社会？毕竟有高考在那里，还是应试教育，我们如何接轨？"

对此，张俐解释说，学校制订的教学大纲，以及教师的备课，都参照了教育部颁布的课标和北京师范大学出的教材，知识点都能涵盖，只不过引入教学的时间和方式不一样罢了。她提出两条出路：一是初三年级专门拿出时间进行考前强化，让孩子通过中考回归公立高中；二是让孩子在华德福系统内读完后直接出国。

马上有人反问：出国的费用毕竟只有少数家庭可以负担，普通家庭怎么办？原本在放幻灯片的黄晓星这时站起来回答："华德福的教育是为生活做准备。考试可能失败，但生活不一定失败。"

在李泽武看来，种种矛盾和顾虑反映出家长一方面反感传统教育，另一方面又认同传统教育目标。"有些家长既想接受华德福，又想追求分数，当然矛盾。这里面还有短期目标和长期目标的矛盾。"

李泽武虽然没有参加这场介绍会，但相比两位同伴，他真真切切地知道说服一位母亲有多难。比如，他自己的妻子。

2005年2月，李泽武"勇敢地把女儿弄到这边来了"。他妻子是公立学校的老师，对此是"一百个反对"："你们一天到晚都在玩，孩子怎么办？"他理由找尽，好话说尽，妻子还是心不甘情不愿，恨恨地扔下一句"反正孩子还小，就让她'滥一滥'吧"。

在美国留学时，黄晓星和张俐曾与朋友讨论过一个问题——从华德福毕业的学生是不是能上哈佛这类的名牌大学。张俐就此提供了一篇调查报告的结果——在一些名校攻读的华德福毕业生，被教授们评价为"不是最聪明，但往往是最有思考能力的学生"。至于能不能和要不要上名校，那是学生自己的选择。关键是，上名校并不是华德福教育培养人的最高宗旨。它最看重的是培养出一个全面发展的、健康的、热爱生活并充满活力、思想力和建设力的人。这样的人或许看上去很普通，未来所从事的工作可能也很一般，但他们却会像一颗颗散发出温暖和光的种子，将成为整个社会逐渐改善和进步的力量。

如果硬套考试的标准，黄晓星在研究中找到了 20 年前联邦德国教育厅的一项统计，在全国性的中学毕业考试中，华德福学校学生的考取率是普通公立学校的 3 倍。

另一位致力于在中国推广华德福教育的吴蓓则提供了较新的案例。2003 年她在英国留学时，房东太太把 5 个孩子全都送到了当地的华德福幼儿园和学校。当被问及"在没有竞争压力的学校，孩子的学习成绩是否较差"时，房东太太马上告诉她，今年自己的大儿子正好参加全国统考，他所在的华德福学校名列整个地区的第 3 名。

当然吴蓓也发现，并非人人都适合华德福学校。房东太太的二儿子就很不适应，小学毕业后，她帮他选择了一所小规模的公立中学。

据黄晓星的观察和研究，但凡把孩子送到华德福学校接受教育的家长和从事华德福教育的人，都很少关心这些统计和评估。孩子到华德福学校后生活得健康快乐，强化了父母们对这种教育的信心。

成都华德福学校的师生常提到一个名字：本杰明·切瑞。他是澳大利亚资深华德福教师，负责亚洲地区华德福教育的培训工作，也是这里的指导老师。他曾在文章中这样写道：

> 在我所知道的学校中，华德福学校受到的赞扬最崇高，得到的批判最严厉。家长可能在某一年里起劲宣传这所学校多么令人赞叹，是解决所有孩童问题的灵丹妙药，却在隔年变成学校最刻薄的反对者。家长常常打心里被华德福教育所吸引，并被其善和美的培育所感动。而当落实到通过心、手和头来工作的真正含义时，他们便开始质疑，甚至惊慌。如果这些没有成功呢？孩子离开这所学校后如何去适应社会？我真的认同学校所信奉的人类价值吗？教育不就是培养适于年轻人工作的技能吗？这些问题在中国特别有代表性。

有生命的教育从整体开始

采访黄晓星时，四年级主课老师熊英来向他请教泥塑的基本手形。于是我们一起来到黄晓星的"工作室"。这里布置得像成都茶铺的一角，两三张木桌，几把竹椅，贴墙架子上放着他自己和学生们的泥塑作品。

黄晓星先是翻着书讲。很快，他又进屋拿来两团红泥，和熊英捏起来。"一定记得告诉孩子们的是整个捏出来的形状，做泥塑切忌一块一块拼粘起来。"他端详着手里捏出的雏形说："这很像只狮子，可以朝这个方向进行。"他一边捏，一边喃喃地说："任何有生命的艺术都是从整体开始的。教育也要从整体出发，它不是一部分一部分组装起来的，而是要有一个整体观念。"

这恰好与华德福的教育理念不谋而合。

华德福教育不采用语文、数学、自然、历史等分科，而是由主课老师根据本土、本校的大纲自行设计综合性的主课，没有固定教材。目前成都华德福学校还没有高年级（中学），小学的主课教学大纲为：

一年级：童话、数的品质与四则运算。
二年级：寓言、圣贤故事、整数运算。
三年级：建筑、农耕、度量衡、创世神话。
四年级：本地地理历史、《西游记》、分数、人与动物。
五年级：中国地理、外国神话史、小数、植物、先秦故事。
六年级：周边国家地理、秦、汉、百分数、矿物、物理。

主课之外是专科课，包括：线画、水彩、园艺与自然，英语、手工、体育与游戏，德语、木工、音乐与乐器，国画与书法、韵律舞、节日庆典。

作为国内华德福主课教师中的领军人物，李泽武从唯一一个混编班开始，随着小学的逐步完善，各年级均已建班，目前他已教到六年级。

回忆起自己刚完成的五年级教学，李泽武颇为满意。学习植物时，他便带着学生研究根、茎、叶、花、果实和种子，到田里栽种，观察大自然。为理解人与植物之间相互依存的关系，他和学生在教室中打倒立。《诗经》中有关植物的篇章，以及《蜀都赋》中描写四川风物的骈句，都成了他们的教材。

李泽武认为，比起三四年级的孩子，五年级的孩子应是放眼看不同世界和文化的时期，所以他带着学生读古埃及的《冥王奥西里斯》，读古印度史诗《罗摩衍那》。这些故事是复杂的，有纯善、真挚、团结、力量，也有龌龊、虚伪、分裂、暴力，还有男与女。李泽武相信，孩子们通过这些故事，会明白事理，度量人生，倾泻情感。

对语言的学习，李泽武安排的课程非常强调节奏和韵律。他带学生诵读先秦作品《诗经》和《老子》时，发现孩子们很喜欢这些东西。"他们背《老子》比我背得还快还好！"

他还会范读英文，让学生去体会语言和故事的魅力。通过诵读《简·爱》的一个片段，孩子们果真产生了强烈兴趣，以至于有几个孩子开始读起原著来。"而不再仅仅是柯南、柯南，还是柯南！"李泽武感慨。

"顺便说一句，我妻子再也不反对我们的孩子在这里上学了。"他得意地呵呵笑道。

理想主义的风波

从英国回来后不久，李泽武就和黄晓星、张俐着手创办了成都华德福学校。和他们一起的，是一群志同道合的理想主义者，还包括几名大学生志愿者。

激情维持了半年。大家都不拿工资，只拿几百元的补贴，但由于生源不多，仅靠各方捐赠，学校难以为继。"老师都有点儿打退堂鼓。"李泽武回忆道。黄晓星说："关键是出现了怀疑，不知能不能在这里坚持下去。"

渡过资金紧张的难关后，更大的风波出现了。2005 年 9 月，学校做出了定岗定工资的决定，导致教师内部产生了强烈的反对声音。大家认为既然没有人是冲着钱来这里的，那此举就全无必要，甚至有一部分教师因此选择了离开。

如今担任三年级主课老师的李红育在 2005 年 2 月来到这里时，完全没有利益上的考量。虽然她并不反对定岗，但心里还是有些失落。"那会儿开会，气氛特别沉重，大多数人都沉默着。"她回忆说，"有的老师原本把这里当作净土和庇护所，但现在发现它不再是了。"

留下的人逐渐从一种单纯的快乐过渡为充实的忙碌。据说现在老师们的工资，低的 1100 元左右，最高的也不过 2000 多元。

这所学校明确提出，自己是非营利的。"但是很多人误解了非营利。非营利不是说不营利——否则学校发展哪来的钱，而是指营利所得不用于分红。"李泽武说，现在学校每年已经开始积累资金，发展状况良好。

他介绍了目前学校的收费标准：幼儿园每年学费 5000 元，每月月费 780 元，但老生仍分别按 3500 元和 600 元收取；小学每年学费 9800 元。

成都华德福学校目前的规模还很小，幼儿园有 57 个孩子，小学有 48 个学生。因为师资有限，班级难以扩大，所以还有不少孩子在排队等名额。下一步，面对六年级学生的升学问题，学校正在考虑试办初中。

尽管大家已经不是单纯凭着理想主义在办教育，但理想主义在这里仍是一个美好的词汇。比如，他们会常常提起卢安克。作为华德福学校的毕业生，这个德国人来到中国，在广西偏僻的农村小学推行教育实验。

虽然卢安克的执着、孤独和理想主义曾吸引和感动了很多中国人，但他抱怨道："很多报道基本上只写了我在农村如何生活的事情。其实，值得关注的不是我在广西农村的生活，而是我做的教育研究工作本身。这个对中国来说称得上是全新的教育方式，基本上没有报道提过。"

采访中，我与李红育约好第二天去旁听她的课。因堵车，我迟到了。我敲了敲教室门，李老师过来开门，示意我随便坐下，然后接着讲课。"原始人的房子盖好了，这时突然来了一个陌生人"，班上 5 个孩子一块儿朝着我笑，"那么这个时候，他们的房子还需要什么呢?"有人举手："老师，门!""对了，这样陌生人就能进来做客了。"

接下来的气氛变得更活跃了，有人急着描述跟爸爸妈妈坐火车去北京时沿途看见的窑洞，有人对爱斯基摩人的雪房子感兴趣。李红育好不容易让他们安静下来，并承诺明天就会讲外国的房子。然后她让孩子们拿出主课本，画出他们心里面的房子。

课后她介绍说，这几周的主课课程安排是建筑，包括学习测量。"他们已经在那边测好了一小块地，并计算了地基的深度、砖的用量。我会带着他们盖一间烤面包房。幼儿园的小朋友要烤面包，正好用上。"

主课结束后，黄晓星来了。英语老师出国培训，由他给这个班代英语课。他在黑板上写下一首英语童谣，第一句是"The sun says I glow"（太阳说"我照耀万物"），他却在前面多写了一个单词"To"。改起来本来很简单，擦掉就是了。他却头一歪，只擦掉了字母"T"，而把字母"o"用红色粉笔添上一圈光芒，变成了太阳的图案。

徐百柯 / 文

2007 年 12 月 12 日

寄宿之痛

最开始的时候，杜爽只是想尽己所能，帮一帮自己见到的那些孤单的小孩。

她至今都记得，在甘肃一所寄宿制小学里，晚上熄灯后，学生宿舍里传出隐隐约约的哭声。当地的老师向她解释："学生刚开学，都想家呢。"她这才注意到，这些住校的孩子很小，读一二年级，不过六七岁的样子。有的孩子哭着说想家，哭得停不下来，只能在哭泣中沉沉睡去。

在那样的环境中，她突然意识到，也许很多住校生的生活，并不是那么尽如人意。

这样的经历，却可能是农村孩子共同的童年回忆。

自 2001 年以来，随着"撤点并校"政策的层层推进，大批农村孩子离开父母，住进了学校的宿舍里。

就这样，杜爽在一个被大多数成年人忽视的角落里越走越深。在现有条件下，让这些年幼离家的孩子过得更快乐点，从此就成了她的努力方向。

老师对一个无所事事的寄宿生说，要不你再抄两遍考卷吧

2015 年 1 月 14 日，杜爽所在的教育公益组织"歌路营"发布了《中国农村住校生调查报告》，这并非严格意义上的学术研究，却是我国自正式开始施行"撤点并校"政策后，首份全面描述和揭示这些孩子生存状况的报告。

报告前言部分列举出了如下数字：

37万——执行"撤点并校"10余年后，我国的中小学从62万所减少到37万所，其中80%都是农村学校；

45%——将近一半的小学有低年级的住校生；

6~10厘米——寄宿生平均身高比同龄孩子矮了6~10厘米；

63.8%——六成以上的孩子觉得自己很孤单；

…………

比起走读生，住校生在多个调查中显示出在社交、人际关系和社会适应等方面存在更多问题；另外，他们的平均成绩也比走读生更差。

"最开始我们是想向大众解释为什么要做一个为农村住校生讲睡前故事的项目，但一次次发现，其实多数人完全没有意识到学生住校也是个问题。"在一栋老式居民楼里，正在办公的杜爽向《中国青年报》记者解释他们动手去整理这么一份报告的初衷。

交出最后的报告之前，杜爽与她的团队走访了河北、湖北、湖南、四川、云南等省的上百所寄宿制学校。

她可以随口总结出这些学校的共同特点：孩子们都睡在特别简陋的床上——要么是铁架子高低床，1~1.2米宽的床上通常睡两个孩子，要么干脆就是大通铺；房间里没什么符合孩子性格的摆设，好些宿舍甚至连窗帘和储物柜都没有；食堂的饭菜谈不上有营养，比起蛋奶，孩子们更爱吃辣条、方便面这些含添加剂的零食；许多宿舍的厕所用不了，也没有热水。

有老师形象地总结："闻味道就知道哪个是寄宿生。"

在调查的过程中，歌路营的工作人员听过许多孩子想家的故事，有些被他们写到了报告中："一个学前班的小女孩凌晨1点醒过来，哭着要回家，老师陪着她去操场走了半个小时才肯回来睡觉。"六七岁的孩子最容易想家，一个孩子哭闹，没准就感染得寝室里的几十个孩子一起哭起来。

还有大同小异的时间安排：早上5:30起床，晚上10:00左右熄灯，中间的所有时间，孩子们除了吃饭，就是乖乖坐在教室里。

"尤其是低年级的孩子，作业早就写完了，还得待在教室里，怎么办呢？"杜爽就见到了这样的场景：老师对一个无所事事的寄宿生说，要不你再抄两遍考卷吧。

还有一回，杜爽参观一所学校，看见孩子们在阅览室前排起长长的队伍，她上前一问才知道，一个孩子在小学寄宿了 5 年，这是她第 3 次见到阅览室开放。

她不由得感到疑惑：这样的生活能不让孩子们想家吗？

然而，在农村地区，这样的生活不仅孩子们不能拒绝，甚至家长们也无从选择。

2001 年，俗称"撤点并校"的大规模中小学布局调整在全国范围内展开。也就是从这一年开始，农村寄宿生大量增加。

杜爽见过的上学最远的孩子，是青海的一个小男孩，他从家里到学校要花 8 个小时。撤并学校最多的，也正是内蒙古、青海这些地方。

另一些孩子遇到的情况则不同。撤并学校的实际操作过程中，有地方"一刀切"地规定，不管离学校多远，所有学生必须住校。一定程度上，这种规定对城镇化进程有推动作用：把孩子放在学校后，家长们可以更放心地离家打工；甚至住宿费本身就驱使家长出门打工挣钱。

多年后回顾起来，不少报道和评论将这场运动称为"大跃进"式撤校。2011 年 12 月 30 日，教育部部长袁贵仁在谈起农村中小学布局调整时承认，在一些学校的撤并中，存在工作简单化、程序不规范，以及撤并后办学条件没有跟上的问题。

只不过，以往对"撤点并校"政策的批评都集中在食品卫生、校车安全、宿舍安全等方面，很少有人从孩子感受的角度去考虑：这样突如其来的寄宿生活，孩子们是不是习惯？

从事多年教育公益组织的工作之后，杜爽的印象是，不少乡村学校的教师、家长也有些茫然。面对捉襟见肘的经济状况，很多学校并非不关心孩子，而是此前"非寄宿制学校的教育、管理理念已经不再完全适用"。

譬如，一名校长一边对杜爽说孩子们很适应寄宿生活，一边对她提出的"高年级女生宿舍为什么没有窗帘"这种问题不以为然："这里是农村，他们还都是孩子嘛，没人会看的。"

实际上，女孩子们早已到了对此在意的年纪，杜爽随即发现，她们只能偷偷藏在门背后的小空间里换衣服。

不身临其境，很多细节是成年人想不到的。因为陪杜爽他们做调研，一位县教育局的官员破天荒地在一所农村学校待到晚上 10:00。这位官员最后感慨说，太多情况她也是第一次见。

他们走过正在晚自修的教室，看着孩子们一个个规规矩矩地伏在课桌前无所事事，他们虽然完成了作业，还得像木偶一样待着。有个调皮的小孩偷偷藏了一个小玩偶，在课桌下面摆弄着。陪着杜爽考察的老师和校长看见了，连忙冲上去，要没收那个玩偶。

这下，那位教育局官员都觉得"孩子可怜"，她对老师说："还是让他玩一会儿吧。"

那些大人拿来当作政绩进行吹嘘的新修的操场和跑道，对孩子来说，不会比和母亲在一起生活更珍贵

两周前，有一个 13 岁男孩的母亲林晓妮（化名）在上班的地铁上读到了《中国农村住校生调查报告》。后来她形容自己是"流着泪读完的"。

"写的简直就像是我儿子读的那所初中。"她说。

林晓妮的儿子就读于河北老家的一所寄宿制初中。直到 2014 年 10 月，在北京工作的林晓妮才趁着送孩子回学校的机会第一次见到寄宿生的生活环境：教学楼看上去很气派，可厕所里的蹲坑几乎看不出原本瓷砖的颜色，粪便成堆；食堂提供的午饭是方便面和"不带一点肉"的鱼丸、肉丸；学生宿舍没有暖气、没有窗帘、没有热水，儿子所在的房间窗户破了也没有人管。每天晚上，宿舍里 11 个孩子用冷水洗漱后，都穿着毛衣、

秋裤钻入被窝。到半夜，他们必定会被冻醒，必须把被子往脸上拉一拉才能继续入睡。

在这种情况下，生病就成了常事。

住校生也会住出"职业病"来。有机构在湖南一地为农村寄宿生进行过一次体检，发现学生们得 4 种病的比例畸高：皮肤病、蛀牙、中耳炎、扁桃体炎——前两种病是因为卫生条件跟不上，后两种病则源自孩子们感冒发烧了都会硬扛过去。

"有老师告诉我们，常常会出现孩子半夜生病的情况，可是因为没有医护知识，自己没有办法处理，只好带着孩子上乡里的卫生院。"杜爽说，"而剩下的其他孩子，只能是扔下不管了。"

林晓妮的儿子也不例外。过去的一学期，他"每个月回家都伴随咳嗽、发烧或是没食欲的症状"，发烧到头晕了还是硬扛着。而最近，他又开始耳鸣了。

不论如何，正像教学楼整洁气派的外表那样，林晓妮儿子所在的学校，在寄宿学校中还算好的。

21 世纪教育研究院 2010 年的一份调查显示，学校实行寄宿制，成本要增加 15.59%。有寄宿制学校校长认为，每增加一个寄宿生，学校至少要增加 100~150 元经费支出。

杜爽到过的条件差的地方，学校连宿舍都没有，孩子们住在老乡家里，自己开伙，四五年级的哥哥姐姐负责给低年级的弟弟妹妹做饭。在中西部地区，有宿舍和食堂的学校不超过 50%，很多学校甚至不能为学生提供饮用开水。

对林晓妮而言，她最担忧的，是孩子每天满满当当的日程：从早晨 5:30 开始，除了各占 20 分钟的三餐，孩子们其余时间都在上课，直到熄灯前半小时才能回宿舍。

这也是歌路营更担忧的一面：相比于硬件上的不足，寄宿制学校的校园文化、课余活动严重匮乏，农村住校生们普遍心理健康状况不佳等情况往往被人忽视。

"儿子从前在家时那神采飞扬的样子，去学校住宿后，我就再也没有见到过。"林晓妮说。现在，儿子会在做作业时很自然地要求她："妈妈，如果我中途停下来玩儿，你就扇我的脸。"

教育研究者尹建莉是幼龄学生寄宿制的反对者。"不管是农村孩子还是城里孩子都是需要爱的。"在北京一家咖啡馆里，她一再对记者重复这句话："那些大人拿来当作政绩进行吹嘘的新修的操场和跑道，对孩子来说，不会比和母亲在一起生活更珍贵。"

应该把最自然、最符合天性的东西还给孩子，而不是一点点剥夺走

因为在畅销书《好妈妈胜过好老师》上公布了自己的邮箱，尹建莉每天都能收到来自全国各地的邮件，其中有很大一部分都与农村寄宿学校有关。看多了之后，她越发相信，寄宿制对孩子的身心发展害处大于益处。

给尹建莉写信的基层教师往往是来求助的："我们这儿有这么个孩子，问题特别特别多，没法管，该怎么帮助他?"

仔细一问，十有八九情况特相像：父母在外打工，孩子从小在学校寄宿。

"一个孩子住在只有十几户人家的一个村子里，学校没有操场和电脑室，我们为了让他能获得'公平的教育'，就把他简陋的学校取缔，把他和同学们转移到很远的另一所小学上学，一周或一个月才见父母一次。新学校虽然为孩子们提供了操场、篮球架、电脑等种种可见的硬件，却夺走了他们享受母爱和家庭生活的基本需求。"尹建莉曾经在一篇文章中发问："这样对'公平'的追求，是不是制造了更大的不公平?"

她曾激烈抨击过"寄宿制可以培养孩子自理能力和集体意识"的常见观点："按照这样的逻辑，孤儿院的孩子受到的早期教育应该是最好的。"

在她看来，教育史上不乏前车之鉴。罗马尼亚历史上曾经因为鼓励生育，而把一些家人无力抚养的孩子统一集中到国家教养院，由专门的保姆照顾。最后，这些相当于一出生就"寄宿"的孩子，多半在成年后情感冷漠，难以融入社会，甚至连与人沟通都困难。

在 18~19 世纪，英国也流行过寄宿学校，尽管很多寄宿制学校提供的都是精英教育，但还是给学生们留下了极其恶劣的印象。

而现在尹建莉遇到的实际情况是："某县教育局一名干部"，见面就特得意地跟她讲"今年我们又撤了多少多少学校"。那种对教育外行的样子让尹建莉很生气——"真正懂教育的人不会这么漠视孩子的情感需求"。

她不觉得这是家长里短的小事："如果农村这一茬孩子的成长不能健康，素养得不到提高的话，那整个国家的未来和民族素养的提高就是一句空谈。这是很大的一件事。我们政策的大方向，应该是把最自然、最符合天性的东西还给孩子，而不是一点点剥夺走。"

寄宿环境对孩子的负面影响，从歌路营的报告中已经可以看出一二。譬如寄宿生的睡眠问题。山西一所高校对 800 名中小学寄宿生的调查发现，他们的睡眠状况不容乐观：中学生平均睡眠时间只有 6.38 个小时，三分之一的学生不同程度地失眠，27.38% 的孩子患有轻度神经衰弱。而歌路营在重庆的调查也显示，寄宿生睡眠状况差，五分之一的孩子夜里容易醒。

报告认为，这种状况与宿舍环境差，以及学校忽略学生感受的刚性管理有关。

另一方面则体现在成绩上。

教育学者、21 世纪教育研究院院长杨东平在《近十年我国农村义务教育的现状》一文中写过："学校距离远、家庭经济负担重、学校配套设施不健全、学校心理疏导缺失等因素对学生成绩的负向影响，超出了学校办学条件改善等因素对学生成绩的正向影响。"

也就是说，哪怕是在最功利的"提高学习成绩"这一方面，寄宿制也没有达到人们在提高教育资源配置时预期的良好目的。

相比之下，因为常年在各个农村学校第一线考察，杜爽对这种情况抱着更多的理解：面对突如其来的"撤点并校"政策，学校肯定是先建教学楼，再建厕所，让硬件达标了，然后才能一步步关注到细节上去。

"人性化的管理制度和富有生机与创意的校园生活，是可以在任何时候，从任何小事上开始的。"杜爽说。

事实上，对学生住校，国家也有比较细致的规定。但对许多学校来说，光是达标就已经很不容易了。

譬如，国家规定应为小学每50名学生、初中每百名学生配备一名生活老师，而歌路营在走访中发现，小学阶段生活老师与住校生配比大约在1:100左右。初中呢？中国教育科学研究院对河北某地的调查数据是1:336，部分地区是1:700。

杜爽把缺乏生活老师的原因总结为"既是原来未曾有过的岗位，又缺乏经验积累"。根据歌路营的调查，70.34%的寄宿学校的生活老师，实际就是学生们的任课老师。

而现实的困难是，在目前"以县为主"的农村教育投入机制中，县级财政收入如能保证教师工资按时发放已属不易，教师培训经费实在无力承担。按国家要求配置充足的生活老师，无疑将给财政带来更大的压力。

针对农村学校在营养、医疗、卫生等更基本的方面所能提供给学生的条件，歌路营综合各种情况后在报告中给出的评价是："目前难度甚大，依然任重道远。"

总之，就像杜爽说的，面对突如其来的大规模"撤点并校"，不管是学校还是家长，谁都没有准备好。而她相信，如果问题能够引起社会重视，教育人员能够转变观念，改变现状未必会很艰难。

针对农村贫困地区常见的贫血问题，一家公益组织曾经设计过一项干预方案：在24所学校，给所有四年级学生每天口服一粒多元维生素片。

半年之后，那些每天口服一粒维生素的学生的贫血率不仅降低，数学考试的成绩也提高了。

"一粒维生素比鸡蛋和牛奶更起作用，这个意识是学校和家长都缺乏的。"杜爽说。

在她看来，可行的举措也包括给女生宿舍装上窗帘，或是给每个班都购置一点运动器材。这里面也有门道：一副羽毛球拍显然就不如几个沙包或者一根大绳廉价、可持续，还能让更多孩子参与进来。

另外，歌路营正在推进一项名为"新一千零一夜"的睡前故事项目：在每个宿舍装一个小喇叭，利用学校里的电脑和功放，每天睡前播放一个15分钟左右的故事。"我们看重的不仅仅是这15分钟的故事可以让孩子喜欢，更重要的是，它向农村寄宿制甚至教育者传递着几个很重要的价值。"杜爽说，这个项目说明，住校生大量碎片化的"垃圾"时间如果利用得好，也可以对学生成长起积极作用，这种努力不仅不会加重老师和学校的负担，反而可以柔化学校的管理。

青海湟中一所参与"新一千零一夜"项目的学校，因为电脑系统损坏，生活老师拿起参加歌路营培训获得的故事手册，在广播里给孩子们讲了一个星期的故事，直到电脑修好。事后，老师说，没想到孩子这么喜欢听我读故事。

但是，正如杜爽所说，公益组织可以提出问题，可以思考怎么解决，甚至能够通过对比试验总结出可行的办法，但这些方法还是需要教育部门的推动才能让更多孩子受益。

而这几年，一些有实践的地方教育部门及学校，也已经开始直面寄宿带来的问题。

杜爽可以一连举出好几个例子：湖北郧县教育部门在很多学校的老宿舍楼里修建了厕所和浴室，改善了孩子们的生活条件；因缺水，河北一些学校的孩子上厕所很不方便，于是校长们在宿舍里配备了尿桶；重庆土地乡一所小学的经费并不宽裕，但校领导依然积极改善寄宿条件，为孩子们换了新床，配备了储物柜，让小小的校园充满了温馨的气氛；还有一些寄宿制学校的校长让美术老师带着孩子，用画笔把宿舍墙面画上不同主题的图画……

她说，歌路营之所以公布这份报告，正是希望人们思考一个问题：在

■ "寄宿制学校广泛存在"这一前提短期内无法改变的情况下，我们还能够做点什么。

她让记者翻看歌路营的理事长陆晓娅在报告最后所写的寄语："对于如何减少住校带给孩子成长的负面影响这一问题，首先要看到它，认识它，而不是蒙上眼睛装作不存在……软件的改善——人性化的管理制度和富有生机与创意的校园生活，是可以在任何时候，从任何小事上开始的。"

人的心理健康必须有自由的滋养

又到了假期结束的时候，林晓妮准备送儿子上学，一看，孩子趴在床上，怎么喊都不抬头看她一眼。

这种"不让妈妈看到"的状态持续了一路。在去学校的路上，儿子还是用手遮着脸，林晓妮知道，儿子在哭。

"一回家他就不想睡，特别特别珍惜'自由的时间'。"林晓妮说。孩子好像是成长了，但他不再快乐，哪怕对以前特别爱吃、爱玩的东西也显得漠然。他不再主动与母亲沟通，有什么事情都自己处理，对于不能脱离寄宿生活，表现出一种老成的无奈。

林晓妮有时觉得，自己好像是把儿子推进不幸生活的"帮凶"。但她也知道，除了让儿子在老家住校，还能有什么办法？

尹建莉的女儿在初中时也住过校，这让她至今都觉得后悔。

她最初希望能为女儿谋求一个平等的学习环境——因为没有北京户口，如果在公立学校借读，孩子就没有机会参与学校活动，也不能评选"三好学生"，因此，考虑良久之后，尹建莉选择了一所昂贵的私立寄宿制中学。学校里的条件很不错，孩子每周都能回家。

尹建莉一度以为，比起在公立学校借读，当一个"二等公民"，对孩子来说，这是更好的选择。

事实上，再好的环境也难以让孩子适应母亲不在身边的生活。那 3 年是女儿状态最不好的 3 年，尹建莉知道女儿不快乐。她之前为此找过学校老师讨论是否学校管理出了问题，也想过小姑娘是不是遭遇了"青春期"的情绪问题，可都没有找到原因。直到前一阵她与已经读大学的女儿聊起来时，孩子说："妈妈，你就是不应该把我送去住校。"

现在尹建莉回想起来，孩子当时跟她说起学校的一些事，她都没有意识到这是年幼的孩子在求助。如果她天天都能回家，很多负面情绪当天就可以消化掉了，但实情是，隔了一个星期无人过问之后，孩子自己也说不清当时发生过什么了。她年幼、弱小，得不到情感支持，虽然事情都会过去，但问题都累积在心里。而等她内心强大到能够说出那一句"妈妈，你就是不应该把我送去住校"时，很多年已经过去了。

尹建莉觉得，为了维护孩子的身心健康，学校至少应该为寄宿生做到这些：

首先，让学生能常常与父母见面；

其次，教师得有爱心，他们的爱心对儿童的影响会很深；

最重要的是，学校得给孩子充分的自由时间——"人的心理健康必须要有自由的滋养。不能因为他是住宿生，就把他的时间全都安排满了。一定要给孩子很多的自由，让他能支配自己的时间，去玩耍，去读书，或者去购物。把所有的时间都安排死，对管理来说是简单了，但是对孩子的成长是没有好处的。"尹建莉感叹道。

最后，一定要把图书馆建好，"如果孩子有阅读的爱好，那就等于又遇到了一位好老师"。

这些建议看上去与陆晓娅对报告的总结不谋而合："如果说我对自己曾经的住校生活存有一些温暖记忆的话，它是由郭老师的洗澡体操、由曹老师的宿舍故事、由熄灯后同学讲的马克·吐温、由每周一次的电影、由半夜三更的野外行军、由全体同学参与的山寨版音乐舞蹈史诗《东方红》构成的。"

尹建莉认为，真正符合教育规律的方向，是让孩子们回归家庭。

然而，到目前为止，在林晓妮儿子的寄宿生活中，没有生活老师，没有借阅室，没有课余活动，一间小小的体育馆也是铁将军把门。

每天早上，他比同学起得早一点，早早洗漱完毕，就待在寝室窗前看窗外的世界。

这些10岁出头的孩子，晚上都被关在宿舍楼内，早上，初一学生的宿舍楼首先开门，这个初二男生就站在窗边，看同学们乌泱乌泱地从楼里涌出来，一想到自己还不必下楼，心里就美得很。

这就是他生活中最大的娱乐。

黄昉苨 / 文

2015 年 1 月 28 日

大学的良心

过去 40 年里，威廉亲自为哈佛大学挑选每一个本科生。可连他自己都觉得讽刺的是，当年他试图敲开哈佛大门的第一个回应，是一句响亮的"不可能"。

那是 20 世纪 60 年代，哈佛还被认为是一所"为精英阶层量身定做"的大学。没有人相信穷人家出身的威廉能够上哈佛，连他的老师都拒绝为他写推荐信，并极力劝道："那地方不属于我们，你是不可能融入哈佛的。"

然而令他们没有料想到的是，威廉不仅进了哈佛，还留在哈佛，成为招生"最高长官"，并最终改变了哈佛招生录取的面貌，让这所名校从那些不起眼的角落里吸收了更多像他一样被认为"不可能"的人。

"对像我这样背景的人来说，进入哈佛改变了我。而现在，当我知道自己有机会能让哈佛对有才华的人敞开大门——不管性别、种族、经济状况——这是一件让人振奋而有成就感的事情。"威廉·菲兹西蒙斯这样告诉《中国青年报》记者。

如今，哈佛大学招生办公室已经可以骄傲地在公文中写道："哈佛以能够给予每个人公平机遇为特色。"而推动这件事的威廉，也被哈佛老校长盛赞为"大学的良心"。

每年，在超过 2000 份寄往世界各地的录取通知书上，威廉会一份一份地署上自己的名字，并在其后亲笔写道："希望你成为我们的一员（Hope you'll join us）。"

■ 人们追随着他，想要知道，到底什么样的人能够上哈佛

在美国乃至世界各地，很多人都想认识威廉。在《纽约时报》为这位哈佛大学招生办公室主任开设的问答栏目里，来自世界各地的人们在两天内发来超过 900 个问题，导致该栏目不得不连开 5 期才回答了其中一小部分。

如果能够见到这位"录取之王"，那更是场面火爆——在一次交流会上，热切的家长挤满了会议室，甚至坐在地板上。他们知道，哈佛大学每年本科生录取率只有 5.5% 左右，而作为招生主任，威廉至关重要。人们用不同措辞表达了同一个意思：作为哈佛招生录取的最高把关人，你想要什么样的学生？

威廉虽然已经 68 岁了，但热爱跑马拉松的他有着魁梧的身材，总爱穿着一身笔挺的西装，把金色的头发整齐地梳向脑后。他走到家长中间，看着那些期待的眼睛说："对不起，其实我们并没有公式化的规则。能够让身边的人变得更好的人，就是我想要的人。"

考过 SAT（学术能力评估测试，相当于美国的"高考"），提交了申请资料，就可以成为入学申请者。所有申请者的资料都要按照哈佛大学对于本科生的录取规则经过严格审查，每一份资料都会被分工不同的 4 个人仔细研读。然后，包括威廉在内的 5 人评审小组召开讨论会，每个申请者至少讨论一小时。他们常常在玻璃房间的会议室里，指着投影在幕墙上的申请资料，一直讨论到凌晨一点。最后，由评审小组全体投票决定。

录取流程没有例外。不过威廉也承认，如果校友子女申请，他们会"多看一眼"。但是他们所做的，也仅仅只有"多看一眼"而已。

"你获得的学术成绩很重要，但是我们也会考虑很多其他指标——社区参与、领导能力、工作经验等。"威廉说，"我最期待的是打开每个人的申请文件夹，看到一个个人生故事，它们是如此真实，没有人可以伪造。"

事实上，威廉本人深刻地影响着哈佛的录取。在他的推动下，年收入

低于 6.5 万美元的家庭完全不必缴纳费用。哈佛招生时执行的原则是，不管你是腰缠万贯的富豪，还是急需帮助的穷人，学校只考虑申请者本身的素质，不考虑经济状况。

在过去的 40 年里，这位录取官推动了一场哈佛的"革命"：这个曾经几乎看不到女生的地方现在有一半的女生，校园里不同肤色的人也多了起来；大力度的奖学金、助学金政策和公正的招生制度，有效抹平了学生在入学前的差异，让大家得以站在同样的起跑线冲向未来。

为了"讨好"这位哈佛历史上任期最长的录取官，人们给他寄来各式各样的礼物——饼干和枣泥糕，DIY 版的《时代周刊》，还有人送来一个画有自己头像的大圆盘。

在一次校园电视台的采访中，男主持人扬着眉毛打趣地问威廉："说真的，有没有人给你施美人计？"

"这倒是没有，要有就是原则问题了。"威廉大笑着回答，"另外，请千万不要再给我寄黑巧克力了，我的家乡的确盛产巧克力，但是这招对录取根本没用。"

对于那些绞尽脑汁试图吸引录取官注意的学生，威廉建议道："你不需要去哥斯达黎加，你也不需要去国外做什么轰动的事情，如果去麦当劳打工可以融入社会，这也是个好主意。"

在华盛顿的一次会议上，当一个骄傲的母亲在威廉面前夸夸其谈，称赞自己的儿子"非常积极进取、勤奋好学、有真正的学者风范"时，这位高个子男人只是弯下身，认真地问躲在母亲背后沉默的孩子："你平时喜欢玩什么？"

去哈佛吧，但是不要丢掉你的灵魂

威廉第一次接触"哈佛"，是在家里那堆摞起来可以当梯子的《世界图书百科全书》里。上中学时，这个"喜欢一页一页细读书"的小伙子翻

■ 开了"H"这一册，见到了那个此后天天与他相伴的词条——哈佛大学。

关于哈佛的定义里一下子蹦出了好几个抓住威廉眼球的词组，"那儿看上去是个极其诱人的地方"——有"丰富的资源"，以及"来自全世界的教师和学生群体"，是"美国最古老的高等教育机构"……

然而从街坊邻居口中，他听到的是另一个版本的定义：哈佛是一所"别人的学校"，它属于那些读得起预备学校的富家子弟，它"从来不是为我们这种穷人而设立的东西"。

他就读的教会学校的老师甚至告诉他："哈佛里面到处都是富得流油的势利眼，他们没有信仰，如果你去了哈佛，一定会丢掉自己的灵魂。"

对威廉的家庭来说，哈佛完全是陌生的。他的父母都没上过大学，父亲做过许多份工作，白天开出租车，晚上在橡胶厂上班。不过他们家主要还是靠经营一个加油站及旁边的小便利店为生。

一家人就住在加油站对面的街道上。在只有两间卧室的狭小房子里，威廉得和3个兄弟挤一间。那时候没有人想到，在这条穷人住的街上会走出一位哈佛毕业生，甚至最终给哈佛带来了改变。

高个子的威廉很有运动天赋，是学校里的曲棍球明星。当时大家对他的最高期待，就是做一名职业曲棍球手。

虽然哈佛距离威廉的家只有15英里，但在他看来，却感觉"有半个地球那么远"。他完全不知道15英里外的生活是什么样子。

对这个穷人区长大的孩子来说，生活就是每天睁开眼睛后，就开始为当天的面包而努力。从6岁开始，家里排行老二的他就得"工作"了。他挨家挨户地送过报纸，在加油站帮爸爸给汽车加过油，常因为清洗挡风玻璃或检查客人车里的机油而蹭得满脸泥巴。

这个没人管的少年渐渐失去了求学的兴趣。从9年级起，威廉开始逃课，180天的上课时间，他有55天都跟朋友躲在附近的小树林里无所事事地发呆。

"很显然，我的生活到了一个节点，需要一个改变。"回想起这段时间，威廉说。

高中毕业前夕一次偶然得到的面试机会，让威廉见识了 15 英里外的哈佛生活。第一次踏进哈佛校园，威廉吃惊地发现了另一个世界："我觉得这里不是和家里差了 15 英里，而像是差了 3000 英里。这里的每一个人都用一种不同的口音说话，除了我。"

但是，"也许是因为哈佛承受了世人太多的偏见，当真的到达这里后，我发现现实中的哈佛并没有那么遥不可及"。他回忆道。

一天一夜的参观改变了威廉对"哈佛"的想象。他在这里结识了"高素质而多样化的学生群体"，发现许多"富有却并不势利"的人，跟百科全书里所写的一样，这里的确是"一所最古老的好大学"。

回到 15 英里外的家里后，威廉做出了自己的决定：到哈佛大学读书。

这样的想法"吓"到了他身边的人。"不可能！"连续两位老师拒绝为威廉写推荐信，并且极力劝他不要申请哈佛："你会因为贫穷而被排斥，你会格格不入，甚至被迫退学，在那个只属于富人的地方失去自己的灵魂。"

"我就像是每一个青春期的叛逆少年，当时的哈佛对我来说就像是禁果，越是这样，我的好奇心就越是促使我前进，去看看它到底是什么样子。"威廉说。

他说服了历史老师罗伯特·奥布莱恩为自己写推荐信。最终，他凭借自己优异的成绩和突出的曲棍球特长，同时被布朗大学、波士顿大学和哈佛大学录取。由于他在学业和运动方面表现出的天赋，哈佛甚至慷慨地给予他在当时还凤毛麟角的奖学金。

威廉要去"不属于自己的哈佛"了，"为了这个，让曲棍球变成生命第二重要的东西也值得"。事实上，直到今天，他在当地冰上曲棍球锦标赛上创下的救球最高纪录，还无人打破。

在他踏上行程之前，奥布莱恩叮嘱他："你将会在哈佛学到很多东西，但是要记住，你也完全有资格去教教那些人一招两招的。"

这位老师还送给他一个装裱起来的纪念条幅，上面写着一句拉丁语："Illegitimis non Carborundum"，大意是"不要让痞子把你打败"。

最重要的是如何在哈佛这种地方继续做我自己

在威廉还没搞明白"痞子"指的是哪些人的时候，他先被这个陌生世界吓了一跳。当他把行李箱搬进门，他对新学期的第一个念头是："我好像是到了另一个星球旅行。"

这个 1962 级哈佛新生被眼前的一切震撼了——跟自己住了 18 年的小屋不同，这里宽敞豪华的餐厅里摆着闪亮的餐具，学生休息室里铺着木地板，墙上挂着镀金边框的画像，触手可及的家具都是皮质的。

与他一同到达的同学们穿着时髦的服装，相互打量着彼此昂贵的花呢夹克、丝绸领带和驼绒大衣，学生聚会就像是一场时装展览秀。

在这一堆衣着华丽的富家子之中，威廉像是来自外星的生物。他身上还穿着高中的卡其布外套，衬衣用的还是早已过时的按扣。当他的同学们讨论出国旅行的见闻时，这个加油站小子能说出来的最遥远的一次旅行，只是去纽约市看自由女神像。

威廉发现，自己的女性同学少得可怜，大概只有男同学的八分之一，更不要说不同肤色的少数族裔了。

与此同时，他也开始明白为什么他的老师会口口声声宣称这里"会让人失去灵魂"。威廉清楚地记得，有一次，他的同学小心翼翼地走到他身边，扭着脖子斜着眼，向他的衣服里面看，想要瞥到标签。

"对我来说，最重要的是如何在这里保持我的身份，继续做我自己。"威廉说。

当同学们在那些会费昂贵的学生俱乐部畅谈未来的时候，威廉也开始寻找自己的立足点。他加入了曲棍球校队，代表学校打赢了几场比赛。虽然据高中老师的回忆，威廉入学的愿望是要做一名牙医，但进入校园的威廉涉猎很广，他选修了人类学、社会学和心理学，获得了社会关系专业学士学位。

在室友迪伦的记忆里，威廉不是出现在图书馆，就是在去打工的路上。虽然赢得了奖学金，但是为了支付学费和教材费，威廉每个星期要工作 12 个小时，负责打扫宿舍和办公室。尽管如此，他还是在时间上领先于自己的同学，在大四一开始就完成了自己的毕业论文。

"我以为他毕业之后一定会成为一个商人，因为他满脑子都是新奇的想法，总能用与众不同的视角看问题。如果他去经商，一定能抢得先机，大赚一笔。"他的同学约瑟夫·奥唐纳说。

但威廉的选择又一次出乎人们的预料。他在教育学院办公室打扫卫生时，偶然从地上捡起一份该学院的招生简章，从此开始在教育学院攻读硕士和博士学位。

连威廉自己都没想到，录取官会成为他的终生职业。毕业前，他"跟每个普通学生一样，四处发简历，找工作"，他原本觉得，自己"最好是当个教授，当然干点别的也可以"。

最终，威廉被他的导师乔治·戈尔瑟斯所描述的"大学录取官"这一职业迷住了——

在这里，你能够用独一无二的方式了解世界和人性，到各地去亲身感受学校和社区，跟不同的教育者、家长和决策者交换意见；

每年，你可以通过阅读申请资料，看到数以万计的人生故事，参与录取决策，毕生追踪学生的足迹。

从 1972 年开始，威廉正式进入哈佛大学招生办公室工作，并于 1974 年开始担任招生负责人。

"那时候，我被这份工作背后无穷的机遇迷住了。"威廉说，"想想看，你可以为身处世界某个角落的学生带来一次改变命运的机遇，为那些适合的人打开哈佛的大门，让他们能够享用这所大学所能提供的资源，因而有更好的机会把世界变得更好。这真是一份令人着迷的工作。"

撼动美国高校录取制度的变革

1986 年，威廉升任招生办公室主任，兼管奖学金、助学金事宜。这是一个显赫的职位，人们用等同于哈佛法学院、医学院院长的头衔来称呼他。威廉终于有机会开始推进自己筹划已久的改革——中止哈佛大学的提前录取制度。

用哈佛前校长德里克·伯克的话来说，这项制度"让占优势的人占尽了便宜"。它大大增加了富裕学生的录取机会，是富裕家庭通往名校的"便捷门"。

威廉决定关上这扇门。

然而说服人们废除这项已实行数十年的制度十分困难。直到2006年，伯克校长才终于宣布，哈佛愿做全美第一个彻底取消该制度的大学："总要有人先出头。不管前面有多少危机，我们都要迎难而上。"

这一决定震惊了美国教育界。斯坦福大学形容其为"大胆的壮举"，麻省理工学院招生主任得知后惊呼："哇，太棒了！"而美国游说机构"教育管理"的执行理事说："我不敢相信这是真的，听到这个消息时我眼里含着泪水，几乎要哭出来了。"

威廉极力呼吁其他大学也参与进来，结束这种并不能让人人平等受益的制度。可是，跟随其后做出这项"勇敢的决定"的，却只有普林斯顿大学等少数几所学校。大部分名校的回应是：哈佛很勇敢，至于我们，还要从多方面考虑，谨慎决断。

在艰难中坚持了5年后，哈佛大学于2011年宣布，恢复提前录取制度。但正如美联社的评论，威廉主导的这项改革"撼动了美国高校录取制度"，从而让更多人有机会站在同一条起跑线上。

在打破特权的同时，威廉上任的第二把火，是建立起更为有力的、覆盖面更广的奖学金、助学金制度，给予贫困家庭更多补助，并每年指派40多名录取官飞往美国乃至世界各地，让那些受困于"不可能"的年轻人——从美国阿巴拉契亚山区牧羊人的女儿，到缅因州卖龙虾的老板之子，甚或是中国青藏高原上的藏民——意识到自己有机会改变人生。

曾与威廉一起外出招生的同事萨利·多纳休记得："即便语言不通，他也能很快跟人熟起来。"在中国的西藏自治区，藏族人端出牦牛奶和牛舌头款待他们，当多纳休还拧着眉头在犹豫要不要吃的时候，威廉已经一饮而尽，边吃边笑着跟身边的藏民比划着，请他教自己几句当地话。

在哈佛录取官到来之前，鲍勃·吉亚尼诺拉辛一直觉得自己"不是哈佛那块料"。他毕业于几乎没有哈佛校友的高中，是家里第一个上大学的人。"哈佛对我和我的家庭来说，就像外星人的世界一样。但威廉让我觉得，像我这样的人也能在那里活下去。"

尽管已经毕业近20年了，鲍勃还清楚地记得入校时第一次见到威廉的情景："他对我而言就像神一样。我一见到他，就被他百科全书般的记忆力震惊了。"

那次见面时，威廉热情地向鲍勃打招呼，如数家珍地说着鲍勃的故事——他推荐信里的评语、他高中时曾在某栋教学楼参加的某个活动……鲍勃意识到，威廉在录取通知书里写的那句"希望你成为我们的一员"，并不是一句空话。

"从那一刻开始，我就成了威廉的信徒。"鲍勃说，"连我自己都记不清楚那栋教学楼的名字，我猜就算是我高中的老师也未见得能说得出我的故事，但是威廉却一点儿不落地全部记得！"

每到招生季，威廉就会坐在堆成小山一样的桌子前，像阅读百科全书那样认真研读申请者的材料。有时候记者来采访他，他要从几乎高过脑袋的材料里探出头来，才能回应道："什么事？"

"跟我们打高尔夫球的时候，他还随身带着100份文件夹，这是他生活的全部，他认识每一个孩子。"威廉的同学奥唐纳说。

威廉不仅认识每一个由他录取的学生，还在默默关注着他们。这个当年被同学们偷看衣服牌子的校友，为他的学弟、学妹们设立了一项"秘密基金"。

它像是一个神秘组织，由威廉指定的助学金工作人员秘密操作。他们有一份保密名单，上面是家境贫寒学生的通讯方式。当这些学生遇到说不出口的窘迫情况时，威廉的"秘密组织"就会出动，给他们寄去礼物——一张校园新年音乐会的门票、一张突发急病需要的支票、一套面试需要穿着的正装、一件冬天保暖的外套，甚至是一张回家的机票……

一切都是秘密的，没有人公开发送名单，不涉及自尊问题，这就是从不露面的威廉送给每个哈佛贫困生的礼物。

从这些学生的人生故事里，我看到未来的样子真不错

其实，不管家庭背景如何，每个走进哈佛的学生都会收到来自威廉的礼物。

其中一个礼物，是一笔资助"间隔年"的奖学金。威廉鼓励新被录取或者刚毕业的学生申请，拿着这笔钱，用一年的时间去做自己想做的任何事情，比如到全世界旅行，去接触完全不同的人生。

就是这样，哈佛数学系的安德里安·斯博恩从美国飞到了中国，在清华大学的校园里学习太极，赶着高峰时段跟中国的上班族一起挤地铁，看着为这座城市修建地铁的工人跟高楼里走出的白领站在一起穿越斑马线。一旦有机会，他还会向每个愿意聊天的人询问："关于中国高考，你能跟我说说你的经历吗？"

"尽情地去玩耍吧，去看看世界的样子，不要一心做个'补习战士'，我可不希望你们的引擎在到达哈佛大门前，就已经耗得没油了。"威廉说，"也许你会在这一年发现你的人生节点，从而更明确回到哈佛后，你想要得到什么。"

威廉记得，虽然父母都没有上过大学，但爸爸却喜欢在便利店里举办聚会，让来自各行各业的顾客跟家里的孩子分享他们的人生故事。就在那里，小威廉认识了弗拉门戈吉他手、昆西造船厂的工人，还有一个外号叫"鱿鱼"的卡车司机，他能够绘声绘色地讲自己在海军的故事。"在这里我看到了社会的不同横截面，丰富并且真实。"威廉回忆道。

进入哈佛读书后，当教室里开始讨论失业、福利政策、医疗改革甚至公共交通政策时，威廉发现，"只有经历过交通堵塞的人才明白交通政策的问题"，"衣食无忧的富家子弟对每日不能糊口的人生一无所知"。

"哈佛力图培养世界的未来领袖，而我知道，未来领袖应该体验过不同的生活状态，了解不同的人生。"威廉说。

"在哈佛，我不知道谁是贫困生。每个人的生活都差不多，一样读书，一样旅行。我们唯一的不同，大概只在于接下来，你要选择什么样的人生。"安德里安说。

威廉曾表示，作为录取官，自己最开心的时刻，是打开申请者的资料文件夹，翻开里面的人生故事的那一刻。"在这里，你能看到 27000 个申请者真实的生活故事，他们的初中，他们的家乡，他们的祖国，他们的爱好，他们遇到的挑战和对策。在这里你可以看到未来。不瞒你说，从这些学生身上我看到，未来的样子真不错。"

他重新定义了哈佛大学

每到 3 月底，整个哈佛招生办公室就会全员出动，从扎着领结的招生负责人，到穿着运动 T 恤衫的学生志愿者，大家排成长队，将一箱箱的录取答复邮件从办公室接力搬运到邮寄卡车上。

这是招生办公室的传统。威廉给这项声势浩大的体力活儿取名叫"爱的负荷"。虽然网络时代的录取工作只需要鼠标点击"发送"键就可完成，但威廉坚持延续这项搬运传统，让每个参与录取招生的工作人员都亲手掂量一下沉甸甸的信件——因为在邮件的另一端，数万名学生和他们的家庭，正在期待着这则庄重的回复。

"回顾这么多年来哈佛的改变，景象实在令人振奋——这里出现了越来越多的女性、少数族裔学生，以及原本人生轨迹在另一端的人们。"威廉说，"能够在过去几十年里参与这场录取改革，把更多的人拉入可以实现梦想的行列，我感到很荣幸。"

如今哈佛的定义，也早已跟小威廉在百科全书中看到的不同了。哈佛大学官方招生网站这样写道："成立于 1636 年的哈佛大学，是美国历史上第一所高等教育机构，从成立至今她经历了天翻地覆的变革。现在，她的学生来自全国乃至世界各地，她的研究机构拥有无可比拟的丰富资源，她所提供的全面的奖学金、助学金制度可以让每个人享受这些优势，体验更好的本科生活。"

"威廉改变了人们对哈佛的看法。"前校长伯克这样评价威廉，"对于哈佛，人们有种印象，这里是所精英大学，到处都是来自富人家、上得起预备学校的书呆子。但威廉却成功地打破了这一禁锢，让你发现在这么牢不可破的制度下，还有人能顶着重重压力，生生闯出一条路。"

美国媒体也评论说："威廉重新定义了哈佛大学。"这位被前校长称为"哈佛大学良心"的人，同时也是"整个美国大学招生录取界的良心"。

如今坐在红砖楼的招生办公室里，说起校园里不同肤色、不同口音、不同背景的学生群体，威廉感慨说："现在的哈佛和当年不同，它比以往任何时候都丰富多样。"但他还会调皮地补充一句，"比如，过去我就从来没有想过，有人冬天可以连袜子都不穿。"

在他从事录取工作以前，他的导师戈尔瑟斯曾半开玩笑地"警告"他：录取招生工作有一个巨大的缺憾——因为这一切都太令人着迷了，时间会过得飞快，你可能感觉只是一眨眼的工夫，醒过神来却惊讶地发现，什么？30年过去了？

"事实证明，他说得不对。"老威廉说，"到今年7月份，我就在这个岗位上工作整整40年了。"

当然了，威廉40年的坚持也"得罪"了不少人。校园电视台采访他时，男主持人愤愤地抱怨："嘿，哥们，咱们说点实际的，难道你就不能给我们多招几个漂亮姑娘吗？艾玛·沃特森，演'哈利·波特'系列电影的那个，漂亮、大牌，要是招她来，你不也省得满世界跑去宣传招生了吗？"

威廉仰着头哈哈大笑，十指交叉，认真地看着对方的眼睛，回答道："可是我只看才华（Talent，only that matters）。"

李斐然 / 文

2012 年 6 月 13 日

总统与记者谁杰出

访问者： 宗兴（杜克大学中国学生学者联谊会主席、物理系 03 级博
士生）

受访者： 理查德·布莱涵德（杜克大学校长）

彼得·朗（杜克大学教务长）

杜克大学（Duke University）坐落在美国北卡罗来纳州达勒姆市。在
2006 年《美国新闻与世界报道》的全美大学综合排名中，杜克大学与斯坦
福大学并列第五。

杜克大学的前身是创建于 1838 年的伦道夫县私立学校，1859 年改名
为"三一学院"。其后因当地著名烟草大亨詹姆士·杜克向学校捐献巨资及
土地，从而于 1924 年正式定名为"杜克大学"。

现就读于杜克大学的中国学生有 400 多人，其中本科生不到 30 人，研
究生 200 多人，职业学生 100 多人；在杜克大学执教的华人学者有 50 多人。

日前，应本报《冰点周刊》约请，杜克大学校长理查德·布莱涵德先
生及教务长彼得·朗先生，接受了本刊的独家访问。

理查德·布莱涵德出生于 1947 年，1964 年考入耶鲁大学，其后进入耶
鲁大学英语系攻读美国文学博士，1972 年博士毕业后在本校英语系执教，
1993 年担任耶鲁大学本科学院院长，2004 年成为杜克大学历史上第九任校
长；彼得·朗毕业于麻省理工学院政治系，博士毕业后执教于哈佛大学政治
系，1981 年任教杜克大学，1996~1999 年担任政治系系主任，1999 年担任
杜克大学教务长（教务长是美国大学里主管教学、科研的最高行政长官）。

■ **做行政管理工作并不意味着我不再喜欢学术研究了，我仍然热爱这种智力的游戏**

宗兴（以下简称"宗"）：校长您好！您曾经提到研究生生活的前两个月是您人生最痛苦的时刻，为什么呢？您觉得从本科生到研究生是一个非常大的转变吗？

理查德·布莱涵德（以下简称"布"）：是的。我觉得研究生院的前两个月是我人生中最艰难的时光。在美国大学里，本科生活是一种完整的生活，它包括了学术智力的提高、各种社交活动以及课外活动。当我来到研究生院后，突然只有一个专业可以学习，我的生活也变成了一维世界。我的确很不适应这种转变。读本科时，做一个好学生就够了，但是在研究生院不是这样。你必须在你的专业领域做出贡献，你必须有你自己的想法。而我当时觉得，把自己的生活变得"狭窄"很难。

宗：您所说的感觉，我想可以用《纽约时报》上一篇评论中的话来概括，就是很多理工科的研究生突然发现，自己的世界变得非常之小，小到刚好被导师的实验室所容纳。

布：没错，你概括得非常好！在我读本科的时候，我学习英国文学、世界历史、美国历史，我同时还读亚洲文学、亚洲哲学。在研究生院，我的学术视野变得非常专一，紧紧地和自己的专业相联系。

宗：您在读书的时候，想到过自己将来要做什么吗？您曾经说过自己从来没有想过会从事管理工作，而成为耶鲁本科学院的院长后，您却说自己发现这个岗位比只待在一个系里面要有趣得多。

布：当我在本科低年级读书的时候，我就希望自己将来成为一名大学教师。所以我很早就明白自己将来想做什么了。当我博士毕业开始教书时，我快乐极了。后来我成了英语系的系主任，接下来是本科学院院长。做行政管理工作并不意味着我不再喜欢学术研究了，我仍然热爱这种智力的游戏。事实上这学期我开始为本科生上课了。我非常喜欢给年轻人上课。

宗：做杜克的一校之长和做耶鲁本科学院院长的区别肯定很大吧？

布：是很不一样，但我可以很好地过渡。当我做耶鲁院长的时候，我和教授们交流，倾听来自不同方面和不同角度的问题，并做出我的解释。我试图说服他们而不是把我的观点强加给他们。现在做了校长，我还要做这些事情，但是更重要的是，我必须担负起整个学校的责任。成为校长就意味着你是这个学校的公众形象代表。对于普通民众是这样，对于政府官员更是如此。现在大学还经常受到一些国家政治问题的干扰，这我也要面对。

宗：您来杜克已经两年了，与在耶鲁的 40 多年相比较，您有什么不同的感受？

布：耶鲁是一个高度发达的学校，迄今已经 300 多年了。耶鲁的很多方面都已经达到了一种"进化完全"的状态。再来看杜克这个年轻许多的学校，你可以感受到它还处在发展的初始阶段。当你环顾学校，你会发现人们有一种积极、乐观、向上的精神风貌，有一种要让杜克变得更好的决心。这是一种快乐的灵感与源泉。同时，杜克的另一个长处是：不同科系之间的交流合作可以说达到了一种令人惊讶的程度。而在美国许多顶尖的大学里，不同的学院之间"老死不相往来"。

宗：不同的学校有不同的定位。比如哈佛和斯坦福就是大而全，而加州理工学院就是典型的小而精。那么杜克的定位是什么？

布：是这样的。在美国，一流大学的特点之间差别非常大。比如哈佛几乎什么科系都有。麻省理工学院主要是工程方面特别出色。对我自己而言，我更喜欢把杜克定位为综合性大学。杜克的强项有医学、法学、商学、公共政策管理、环境和其他一些领域。我常常发现杜克和斯坦福很相似。我这样说并不是因为我们都有工程学院，而是因为我们都是年轻的学校。在年轻的学校，新主意的施展空间更大。

宗：您是指这些学校没有很多所谓传统的包袱吧？

布：对。这些学校都有一种企业家的探索精神。

我希望每个学生都能有好奇心，有创造力，愿意努力地工作，能够自己想出新问题

宗：您认为如何提高一所研究型大学的水平？

布：资金当然是必不可少的。但是学生和老师们的"智力能量"是最重要的。

宗：那么就说说学生吧。什么样的学生能够被杜克录取？

布：本科生和研究生稍有些不太一样，研究生需要有更多专业方面的技巧。但是就大的方面而言应该差不多。比如说，我希望每个学生都能有好奇心，有创造力，愿意努力地工作，能够自己想出新问题。我想说的是，今后在社会上更容易成功的那种学生一定是"多面手"。他们能以自己的专业为出发点，用自己从专业领域中学到的方法去解决新的问题，在遇到困难时，能够不断调整方向。

宗：如果一个学生的课外活动非常出色，但是学业成绩不够好，您认为他能够被杜克录取吗？

布：我认为，学业总是被放在第一位的。美国大学有非常丰富的课外活动的文化氛围，比如有人体育运动非常好，有人舞跳得非常好，乐器弹得非常棒。当我们录取学生时，我们会考虑这个学生的综合情况，但是学业总是第一位的。

宗：杜克怎样培养学生的独立思考和自我学习能力？怎样使学生在离开杜克之后，还能够持续不断地学习？

布：首先，我们的大部分课堂规模都很小，大部分的上课形式采用讨论式，而不是"一言堂"。所以从刚入学，学生就开始培养自己独立自主的精神。对于研究生来说，不用说，他们就已经开始自我研究了。但是对于本科生，引导就很重要。从老师一方来说，非常重要的一点是，当你在教学生的时候，学生也在教给你一些东西。正所谓教学相长。我觉得所有的问题最后都可以归结为：这个学校的氛围是不是有利于独立思考，是不

是有利于学生主动学习。

宗：斯坦福的创业氛围非常浓厚，如果学生有了好的点子，学校就会鼓励他中断学业，自己开公司。杜克在这方面会鼓励学生这样做吗？

布：斯坦福出现了雅虎和谷歌这样年轻而有活力的公司。如果你在斯坦福学习的话，你很可能就拿不到物理学博士学位了（笑）。因为在你拿到博士学位之前，很可能已经成为亿万富翁了。在杜克，我们也非常注重这方面的培养，比如给本科生开设了"创业者精神"的课程，还教工程学院的学生设计自己的创业企划书。如果杜克还没有自己的谷歌，那么请耐心等待。

宗：2004 年的美国总统大选，让耶鲁的"骷髅社"变得家喻户晓。杜克也有 200 个以上的学生社团。请问您如何看待学生社团在培养领袖方面的作用？

布：我不知道"骷髅社"在中国这样有名（笑）。我想学生社团的作用就是，你在读书时，课本上的学习能够培养你的学术能力。但是要使领导才能更加多元化，你还需要学习主动承担责任，需要学习把一群人组织起来，一起为一个目标而努力。所以我想学生社团就起到了这样的一种作用，它让你意识到行使自己的权利是非常有趣的。比如说在导演一个小话剧的过程中，你不仅培养了自己对于话剧等专业知识的理解能力，同时还锻炼了其他能力。

宗：如果让您列举杜克的 5 位杰出毕业生，您会说出哪 5 位？理由是什么？

布：如果你给我一个小时，我想我的答案会更好（笑）。但是我现在就告诉你浮现在我脑子里的几个名字吧。我想我会提及朱迪·伍德芙。她是 CNN 的记者，被认为是过去 20 年中这个国家最出色的政治类记者之一。接下来我要说皮特·尼古拉斯。他创建了自己的公司——波士顿科学公司，现在这个公司已经成长为制药界的"巨无霸"。我还可以说梅琳达·盖茨，她和丈夫比尔·盖茨创建的盖茨基金会对于美国的教育改革和医疗体系的改革有重要影响。如果说年轻人的话，保罗·发姆是美国著名

■ 的医疗慈善家,他把先进的医疗带往全世界最贫困的角落。下面让我举一个稍微有点不一样的名人。最近我们在杜克的纳什博物馆举办了 20 世纪美国黑人艺术展览。这些艺术品是由格兰特·希尔收藏的。希尔是杜克历史上最伟大的篮球运动员之一。这就是我所说的"多面手"。我想我肯定遗漏了很多人——比如约翰·马克,著名投资银行摩根斯坦利的总裁——但是你只让我说 5 位。

宗:有趣的是,如果您问一个普通中国学生的话,他一定会说,最有名的杜克毕业生是美国前总统尼克松。

布:是的。尼克松 1937 年毕业于杜克法学院。你或许知道,在美国,人们对尼克松总统的评价毁誉参半。但就外交政策来说,他绝对是有史以来最具有胆识、远见和创造力的美国总统。

宗:您的背景是人文科学。我知道很多美国校长是社会科学的背景。同时我相信您也和中国的大学校长们有过接触。他们中很多是理工科背景。您觉得一个校长的背景对于管理这个学校来说重要吗?

布:你说得很对。我的确注意到了。中国大学校长访问团在耶鲁学习交流的时候,我也参与了接待。美国大学的很多校长是研究社会科学出身的,经济和法律尤为普遍。但是也有很多自然科学背景的人成了美国大学校长。我的背景是人文,这不多见,但不是没有。我可以告诉你,芝加哥大学和北卡罗来纳大学的校长就是音乐背景。至于校长的背景和管理学校的关系,我觉得既重要也不重要。不管你是哪个专业出身,你都要努力地学习这个领域的专业知识。但是不管你来自哪个领域,你必须善于学习和尊重其他领域。

今后,我们希望能够在对国际学生的资助方面更加慷慨一些

宗:您去过中国几次?访问过几所中国大学?

布:我去过两次香港,一次内地。那是 2001 年,我随耶鲁校长莱文

一起访问过清华大学。我们当时参观了北京、西安、苏州。今年暑假我还会访问清华。

宗：能不能谈谈您对中国大学的总体印象？

布：我目前只去过清华，但我肯定还要访问更多的学校。杜克和中国的联系现在越来越多。杜克法学院和清华法学院有合作计划；杜克医疗中心正在和北京大学接洽，准备就心脏病方面的交流进行探索；桑福德公共政策管理学院每学期为来自北京的中国官员提供经济、金融和政策方面的培训。但是我还是急切地想更多地了解中国。我花了很多时间学习中国的历史。

宗：说起中国留学生的历史，我想耶鲁人都知道，耶鲁历史上第一位中国学生是容闳，他为中美之间的学术交流做出了杰出的贡献。杜克历史上的第一位中国学生是宋嘉树，他的3个女儿（宋蔼龄、宋庆龄、宋美龄）影响了中国近现代史。但是近些年杜克国际化的脚步好像不如耶鲁那么迅猛，您会采取什么样的措施来吸引更多的中国学生？

布：我读过容闳的自传《我在中国和美国的生活》，那本自传极其引人入胜。目前在杜克有400多名中国留学生。我们的目标不是要确定一个数量，而是要吸引最聪明的中国学生。当然，我们已经有很多优秀的中国学生了，我们还有很多出色的中国教授。但是我同意你的看法——杜克应该加快国际化的步伐。10年前我在耶鲁时，哈佛在中国的知名度远比耶鲁要高。从那时起，耶鲁非常活跃地在中国推广自己，扩大知名度。我相信在今后10年内，杜克在中国的知名度也会不断扩大。

宗：在杜克学习的大部分中国学生是研究生，本科生相对比较少。我想主要原因是，每年4万美元的学费对于绝大多数中国家庭来说是巨大的负担。您觉得今后学校会提高对本科生的经济资助吗？

布：对一部分在杜克读本科的国际学生，我们能够提供全额的奖学金，但不是对所有的国际学生都这样。我们的确意识到了奖学金资助的重要性。今后，我们希望能够在对国际学生的资助方面更加慷慨一些。这将是我们工作的重心之一。现在美国本土最好的学生希望能够去多元文化的大学。一个大学如果能够容纳来自世界各地的学生，让这些聪明的年轻人相互学习，相互欣赏和提高，不受国界限制，那该有多好！

我们的就业指导中心不仅给学生提供各种各样的建议，还提供许许多多与未来雇主接触的机会

宗兴（以下简称"宗"）：教务长您好！一般像杜克这样规模的美国大学每年招收多少本科生？人数每年会发生变化吗？

彼得·朗（以下简称"朗"）：今年杜克本科三一学院一共收到 1.9 万份以上的申请，我们录取了 3700 多人，期望最终能够入学的是 1600 人。我们非常清楚学校的容量，就是每年招收 1600 名左右的本科生。我们招生委员会有非常详尽的计算公式，能够估计到最终接受我们录取函的人数与发出录取函的数量比例。我们有"等待者"的名单，如果最终招收人数不足的话，我们就从等待者名单中择优录取。但是如果接受杜克录取函的学生超过了 1600 人，我们就会全部收下。

宗：有没有可能学生人数大大超过预期，使学校的教学资源供不应求？

朗：这是个很中国化的问题（笑）。这种情况在杜克一般不会发生。我们校方会制定下一年的经费预算，这个预算与 1600 人的规模相吻合。去年我们招收了 1700 多人，但是能够容纳。同时你需要知道的是：很多资源是随着学生一起来到学校的。这与下列情况很不一样：政府拨款建一所学校，每个人都可以免费上这所学校。只有在那种情况下，学生人数才可能大大增加。

宗：学生在学校期间如果违反了学术纪律，学校会怎么处理？

朗：我并没有直接管理学术道德委员会，但是我可以告诉你，我们有一个例行的流程，由一个专门的委员会来决定。他们会视学生所犯错误的轻重程度而定，另外还会兼顾一些其他因素，比如这个学生是不是初犯，当时周围的环境会不会影响他做出错误的决定等等，然后予以惩罚。

宗：有些学生会抱怨课程过于陈旧，与现在的社会发展脱节，您是怎么看待这个问题的？

朗：我不太明白你所说的"脱节"是什么意思。如果你说课程的设置过于陈旧，我并不赞同。因为本科教育就应该是一个泛化基础、淡化专业的教育。比如历史课程、文学课程，这些都是本科教育必不可少的科目。如果你说课程教学内容不足，比如最新的研究前沿的东西没有让学生接触到，那就应该是我们的责任了。事实上，作为一个研究型大学，这正是我们的长处所在。因为我们的教授都处于科研的第一线，他们对于本学科前沿的动态是最了解的。他们应该把这些东西带进课堂。所以那不是教什么的问题，而是怎么教的问题。

宗：杜克如何帮助学生找工作呢？

朗：我就以本科生为例吧。我们这里有一个专门的就业指导中心，它不仅给学生提供各种各样的建议，还为学生提供许许多多与未来雇主接触的机会。在就业指导中心里面，许多咨询老师对于去医学院、商学院和法学院这样的职业学院的过程非常清楚，可以提供建议。如果想读研究生院，一般各个系里都会有老师可以提供具体建议。

宗：那么，就业指导中心会不会帮助低年级的本科生寻找假期实习的工作？

朗：那当然。我的儿子就在本科三年级。他刚刚通过就业指导中心找到了一个去银行实习的机会。如果他表现不错的话，等他毕业时，这就是一份正式工作了。

不要重复我所做的工作，你需要想清楚自己应该做但是还没有做的方向

宗：杜克大学如何招聘和提拔一名教授？会炒教授的鱿鱼吗？

朗：（笑）如果一位教授已经有了终身教授的职位，我们不会炒他的

鱿鱼。所以我们在给教授终身职位的时候非常谨慎。我们会根据这个教授6~7 年的工作予以综合评定。终身教授的制度非常重要，但是在这之前，招聘过程的重要性也不亚于此。因为你不会希望对一个在这所学校工作了6 年的人说："你还是不够优秀，请走人吧。"或者这个人自己提出："这个地方压力实在太大了，标准实在太高了，我还是走为上计吧。"

宗：那是不是意味着拿到终身教授就万事大吉了呢？

朗：不。虽然在理论上是可以的，但事实上很少有人会从此懈怠。因为经过严格的招聘过程后，我们已经选择了目标非常明确、能不断自我激励的人。如果有教授不像以前那么勤奋的话，一般情况下多是因为一些其他原因，比如生活中的因素等。对于成为终身教授的人来说，还有很多方面可以尝试，比如担任院系的领导职务，为大家服务；比如多教一些课程，与学生进行交流等等。

宗：杜克如何激励一名教授不断创新？

朗：我想最重要的一点就是为他们创造一个开放的、充满机遇的研究环境。我们要努力使他们不断置身于来自各个方面的新点子。可以想象，如果你仅和一个人合作，一定不如你身处一个开放的环境得到的灵感多。第二点就是我们要努力使研究人员和已经被证明是非常有创新意识的人在一起工作。第三点是教授对待自己研究生的态度。就拿我来说，我总是这样对自己的研究生说："不要重复我所做的工作，你需要想清楚自己应该做但是还没有做的方向。如果你不可避免地要在我的领域中做研究的话，那么你应该努力超过我，做出我没达到的成绩。"相反，如果你告诉学生，这件工作我没有时间做，你去研究一下，那不能算是真正的创新。所以教授应该努力推动自己的学生到达研究的前沿。学生在前进的同时，也在努力推动自己的导师向前进。一些非常聪明的研究生会说："老师，我有了一个发现，我打保票你不知道！"事实上我真的不知道。

宗：这就是所谓教学相长吧？

朗：一点不错！教授能够从年轻的研究生身上学到好多东西。作为研究生的一大好处就是你只有一件事情可做——搞研究！再看看你的导师要做多少事情！他要兼顾家庭，要教课，要做研究，还要为社区服务。所以我一直认为研究生院提供了一个极好的机会：聪明的年轻人应该把自己所有的精力都集中在自己的研究上，集中在非常具有挑战性和前沿性的研究上。

能够保证学术道德的最有力的工具就是学术过程的公开、透明

宗：您一定听说过韩国的黄禹锡造假事件吧？作为主管学校科研的最高领导，您能不能介绍一下杜克在这方面的制约机制？

朗：能够保证学术道德的最有力的工具就是学术过程的公开、透明。换句话说，就是作为一名科研工作者，你必须发表你的研究成果，那么其他同行就会仔细地查看你所做的研究。在杜克，我们一直致力于学术过程的透明化。虽然我们也不断提倡学术道德，但归根结底，你的研究成果要被同行评议，这是最有力的制约机制。我不可能去每个实验室调查实验数据记录，也不可能聘人去调查。最终起作用的是你的学术声望和造假所要承担的风险。所以，公开你的学术成果，得到同行认同，与别人共享你的数据，这些都是规范学术道德的有力工具。

宗：如果有研究人员被查出违反了学术道德，会有怎样的后果？

朗：和学生违反学术道德一样。我们有一个专门的学术道德委员会。这个委员会将立即展开调查。他们会视情节轻重，搞清楚这个教授是在什么样的环境下违反了纪律、有没有其他原因等再做出惩罚决定。

宗：杜克有没有对研究人员发表文章具体数量的要求？

朗：我们没有数量上的要求。事实上，不同领域之间差别很大。比如你可以和一个物理学教授讨论发表文章的数目，但是对于一个英语教授来说，可能在他的领域中出版书籍是更被看重的。总之，没有具体的规定。还是我刚才所说的，在院系中创造出好的学术环境，教授们自然就会感到压力，不断会给自己加压，做出成绩。

宗：杜克如何选择自己的校长？

朗：我们的校董会会组成一个委员会，这个委员会将在全国范围甚至全世界范围内寻找新校长。他们会选择中意的候选人，然后与候选人进行接触，并得到他们的同意。这个过程通常长达一年。值得一提的是，这个委员会里面还有在校学生。最后委员会把名单提交给校董会，由校董会通过并任命。

宗：那么校董会又是由谁组成的呢？杜克的校董会有多少人？

朗：杜克的校董会一共有 36 个人。校董会的新成员由校董会选举产生。成员们大部分都是杜克的毕业生，也有不是的，但一定要和杜克有很密切的联系。绝大多数校董会成员都在各自的领域中取得了杰出的成就。他们中有学术界的，有职业人士，有成功的商人，也有政治精英。

宗：杜克如何确定教务长和各个学院的院长？

朗：对于教务长的选拔，学校会请一些不同院系的教授组成一个搜寻委员会，这个委员会将一份 3 个人的名单递交给校长，由校长亲自面试，然后决定最终人选。而对于各个学院院长的选拔，也是由一些教授和校友组成搜寻委员会，搜寻委员会在经过慎重考虑之后，也会递交一份 3 个人的名单给校长和教务长，校长和教务长面试之后决定人选。所有的人选最终都要经过校董会批准。

宗：看来校董会的权力是最大的。那么刚才说的招聘教授也要通过校董会同意？

朗：没错，最终都要校董会批准。但是系里面推荐人选上来之后，主要是我（教务长）来决定。

宗：问一个有关经费方面的问题。杜克如何筹钱？

朗：我们有许多渠道来筹集经费：学生的学费、联邦政府拨的经费、杜克自己的投资公司，还有捐款等。

宗：那么谁来决定如何分配呢？

朗：通常情况下，各个院系的院长会制定好本学院的财政预算，然后向教务长提出申请，由我来决定。

宗：校友如果要向杜克捐款，一般渠道是什么？

朗：我们有很多"捐款战役"。比如说，我们有每年一度的捐款活动。人们通过这个活动可以给学校捐款。杜克在上个"捐款战役"中一共筹集了 23 亿美元。这么多钱可以用来做很多事情。

2006 年 4 月 26 日